www.tredition.de

AF196290

Andreas Lehner

Immobilien-Portfoliotransaktionen-/ management

Ein praxisorientiert-heuristischer Verfahrensansatz

www.tredition.de

© 2020 Andreas Lehner

Verlag und Druck: tredition GmbH, Halenreie 40-44, 22359 Hamburg

ISBN
Paperback: 978-3-347-01540-1
Hardcover: 978-3-347-01541-8
e-Book: 978-3-347-01542-5

Immobilien-Portfoliotransaktionen-/Management

Ein praxisorientiert-heuristischer Verfahrensansatz

Inhaltsverzeichnis

1   Zusammenfassung

Portfolioinvestments unterscheiden sich erheblich von Investments in einzelne Gebäude oder lokal homogene Gebäudekomplexen. Der Grund hierfür liegt auf der Hand. Man hat es selbst bei einer Nutzungsart mit multiplen Standorten und Objekten zu tun. Es kommt also darauf an, dieses „Gewirr" an standort- und objektbezogenen Einflussfaktoren für Zwecke der Investment-Entscheidungsfindung transparent zu machen.

Hierfür haben sich heuristische Verfahren etabliert. Allen voran die SWOT-Analyse und darauf aufbauen Scoring-Modelle, die im Ergebnis über Portfolio-Matrizen visualisiert werden können. Sinn dieser Übung ist das Herausfiltern von Geschäftsmodellen eines Portfolios. Selbst langfristige Bestandshalter werden nicht umhinkommen, das Portfolio laufend danach zu durchleuchten.

Das Erfassen eines Geschäftsmodelles ist Voraussetzung für Investmententscheidungen. Erst dann lassen sich damit zukünftige Cashflows verknüpfen. Ob und inwieweit diese Cashflows real werden, hängt davon ab, ob der Investment-Manager etwas von dem Geschäftsmodell versteht und wie er die ökonomischen und gesellschaftspolitischen Randbedingungen für dieses Geschäftsmodell einschätzt. Die damit zwangsläufig verbundene Unsicherheit wird bekanntermaßen durch die risikoadjustierte Verzinsungserwartung, also dem Diskontierungszins zum Ausdruck gebracht.

Damit sind die Weichen für eine finanzmathematisch fundierte Discounted-Cashflow-Bewertung gestellt, auf die in der vorliegenden Arbeit zusammen mit dem Vorgenannten eingegangen wird.

Die vorliegende Arbeit hat ausdrücklich keine vorgefertigten Ergebnisse zum Inhalt. Der Leser soll sein Wissen kreativ einsetzen, um in Verbindung unterschiedlicher Fachdisziplinen auch ungewöhnliche Denk- und Problemlösungsansätze entwickeln zu können. Am Ende stehen zwar monetäre Werte, aber aus der Entwicklung dieser Werte soll bewusst werden, welche Überlegungen dahinterstehen, die nicht in 10 Sekunden gegoogelt werden können.

2 Einleitung

Die vorliegende Arbeit ist Grundlage eines Vorlesungsreihe „Wertorientiertes Immobilienmanagement" an der EBZ Business School – University of Applied Sciences, einer staatlich anerkannte, private Fachhochschule mit Sitz in Bochum. Dabei geht es hier um eine praktische Übung zu Portfoliotransaktionen. Diese folgt einem roten Faden und beginnt mit einer Strukturierung eines Portfolios, führt dann zur Ableitung strategischer Handlungsoptionen bis hin zu deren Bewertung.

Ein Portfolio besteht aus einer Vielzahl von Immobilien beziehungsweise Gebäuden oder abstrakt Objekten, die im weiteren

Verlauf des Studienbriefes auch als Objekt-/Standortkombinationen[1] bezeichnet werden und jeweils eine Bewertungseinheit darstellen. Bewertungseinheiten können bei sachlich-räumlichem Zusammenhang auch aus mehreren Gebäuden an einem Standort bestehen.[2] Objekte und Standorte zeichnen sich in Kombination durch unterschiedliche, nicht standardisierte, aber bewertungsrelevante Einflussfaktoren aus und stellen somit ein Komplexitätsproblem dar.

Die Wirkungen dieser Komplexität sind in die Zukunft gerichtet. Quantitative Modelle bilden dieser Komplexität oftmals nur scheingenau ab. Besonders anschaulich wurde dies bei der letzten Finanzkrise, die durch ökonomische Modelle nicht aufgezeigt wurde. Dabei hatte es schon vor der Lehman-Insolvenz im Jahr 2008 Anzeichen und konkrete Vorfälle gegeben, die den Schluss nahelegten, dass die Stabilität der Weltfinanzmärkte durchaus gefährdet war.[3]

Nicht für jede immobilienwirtschaftliche Entscheidungsproblematik sind also allein mathematische Ansätze zielführend. Vielmehr haben sich in den letzten Jahren Verfahren, Methoden und Modelle etabliert, die trotz unvollständiger Informationen zu belastbaren Aussagen und praktikablen Lösungen führen. Dabei wird zur Entscheidunsfindung einerseits ein Interpretationsspielraum gelassen, anderseits aber auch ein explizites Befassen mit den Grauzonen zukünftiger Entwicklungen erforderlich.

---

[1] Durch den immobilen Charakter sind Objekte und Standorte untrennbar miteinander verbunden; sie sind deshalb immer in Kombination zu sehen.

[2] Vgl. Abb. 2

[3] Zum systemischen Risiko vgl. https://www.bafin.de/SharedDocs/Veroeffentlichungen/DE/Reden/re_1601119_Systemisches_Risiko_VA_p.html

3   Hinführung zum Thema

„Prognosen sind schwierig, besonders wenn es um die Zukunft geht".[4] Wer den Anspruch hat, im Rahmen von Portfoli-
otransaktionen/-management aus möglichen Handlungsoptionen
die (vermeintlich) richtige herausarbeiten zu wollen, wird mit hoher Wahrscheinlichkeit an diesem Anspruch scheitern. Erst ex post
wird deutlich, ob das Erwartete tatsächlich eingetroffen ist. Ziel-
führender ist es, bei in der Regel mehreren Handlungsoptionen zu
einem Entscheidungsproblem diejenigen auszugrenzen, die eher
nicht infrage kommen. Bei gegebenenfalls mehr als einer verbliebenen, sinnvollen Handlungsoption kann instinktiv und somit
nach Empfinden entschieden werden. Bei diesem Entscheidungs-
verhalten ist es wichtig, abstrahiert, vernetzt und auch verrückt[5]
zu denken.

Gleichgültig, ob es sich dabei um den Themenkreis Portfo-
liotransaktionen/-management, ein Investment in eine (börsennotierte) Immobiliengesellschaft oder Unternehmen anderer Branchen handelt, geht es zunächst darum, das jeweilige Geschäftsmodell zu verstehen. Auch wenn Geschäftsmodelle in der Immobilienwirtschaft scheinbar auf der Hand liegen, sind diese ausdiffe-
renziert; es geht also keinesfalls nur um Vermietung und Verpach-
tung.

---

[4] Dieses Zitat wird mehreren Autoren zugeschrieben
[5] Verrückt im Sinne von „out of the box"

Wer in Aktien von beispielsweise BMW oder Tesla investiert, wird zunächst überrascht sein, dass sich die Marktkapitalisierung, also der Börsenwert beider Unternehmen, in etwa einer Größenordnung bewegt,[6] obwohl BMW gegenüber Tesla profitabel eine vielfache Menge an Fahrzeugen verkauft. Offenbar werden auch hier bei oberflächlich ähnlichem Geschäftsmodell seitens der Investoren fundamentale Einflussfaktoren zur Unternehmensbewertung vollkommen unterschiedlich interpretiert.

4   Grundlagen

4.1   Geschäftsmodelle

Wie angemerkt, konzentriert sich die erste Frage bei jedem Investment auf das jeweilige Geschäftsmodell. Ein populäres Kapitalmarktzitat lautet: „Investiere nur in eine Aktie, deren Geschäft du auch verstehst."[7] Wie unterscheidet sich also das Geschäftsmodell von BMW gegenüber Tesla oder – zurück in die Immobilienwirtschaft – wie ist das Geschäftsmodell einer hier unterstellt gleichartigen, gemischt genutzten Bestandsimmobilie in zentraler Innenstadtlage einer deutschen Stadt wie München oder Gelsenkirchen, zu beschreiben?

Bei einer Bestandsimmobilie geht es grundsätzlich um die Vermietung, also um laufende Miet-Cashflows, mit denen ein sol-

----

[6] Stand Juni 2019
[7] Vgl. Warren Buffet, Gründer von Berkshire Hathaway Inc., eine US-Holdinggesellschaft, zu deren Konglomerat aktuell über 80 Firmen gehören.

ches Investment refinanziert wird. In München ist für diese Immobilien aktuell mindestens das 30-fache des Miet-Cashflows zu zahlen, was einer laufenden Mietrendite des reziproken Wertes des 30-fachen, also rund 3,3 %, entsprechen würde.[8] Ein Immobilieninvestor kalkuliert hier ceteris paribus mit einer Refinanzierungsdauer von rund 30 Jahren, was eigentlich irrational ist, da ein solcher Zeitraum seriös nicht zu überblicken ist.

In Gelsenkirchen hingegen würde sich diese Immobilie in etwa 10 Jahren refinanzieren; die laufende Rendite beträgt also rechnerisch 10 %. Trotzdem gibt es keinen „Run" auf Gelsenkirchener Immobilien. Offenbar ist auch hier – wie oben im Beispiel BMW und Tesla – das Geschäftsmodell der jeweiligen Immobilien und/oder des Standortes zu hinterfragen.

Sofern ein Investor freiwillig eine geringe laufende Rendite in Kauf nimmt, spielen offenbar andere Aspekte eine Rolle. Zum Beispiel die Furcht, dass die Standortattraktivität Gelsenkirchens gegenüber München weiter nachlässt.[9] Ob diese gerechtfertigt ist, hängt nicht nur von dem Makrostandort, sondern von der jeweiligen lokalen Objekt-/Standortkombination ab.

Selbst wenn Gelsenkirchen in den kommenden Jahren weiter Einwohner in Höhe von beispielsweise 10 % verlieren sollte, so verblieben von aktuell rund 260.000 Einwohnern immerhin noch rund 230.000 Einwohner. Die durch die verbliebenen Einwohner

---

[8] Zur Verdeutlichung: ein 10-facher Multiplikator entspricht einer 10 %igen Rendit, ein 20-facher Multiplikator ist mit 5% gleichzusetzen und schließlich ein 40-facher Multiplikator bedeutet eine 2,5 %ige Rendite etc.

[9] Vgl. Deutsches Städte-Ranking 2019 des Hamburgische Weltwirtschaftsinstitut (HWWI)

verbundene Wohnungsnachfrage konzentriert sich allerdings generell auf die „attraktiven" Standorte einer Stadt. Dies gilt für alle innerstädtischen Nutzungsarten wie Wohnen, Büro oder Einzelhandel/Nahversorgung. Es kommt bei einer Investmententscheidung somit darauf an, diese lokale Ausdifferenzierung zu erkennen.[10]

Ob und zu welchem Preis nach 10 Jahren die Immobilie noch veräußerbar ist, spielt in Gelsenkirchen keine lebenswichtige Rolle, da der Kaufpreis über laufende Mieteinnahmen weitgehend refinanziert ist.[11] Das hiermit skizzierte Geschäftsmodell wird salopp „auscashen" genannt. Selbst bei einer Halbierung des Restwertes dieser Immobilie gegenüber dem Kaufpreis würde sich das eingesetzte Kapital um den Faktor 1,5 erhöhen.

In München hingegen kann es offenbar nicht nur um Mieterlöse über einen Zeitraum von über 30 Jahren gehen, sondern um eine Werterhaltung/-steigerung, die den baulich-technischen Substanzverzehr (über-)kompensiert und den deutlich längeren Refinanzierungszeitraum aus der laufenden Vermietung gegenüber Gelsenkirchen rechtfertigt.

Eine Wertsteigerung wäre beispielsweise durch eine weiterhin stabile Arbeitsplatz- und Einwohnerentwicklung erwartbar. Weiterhin sollte auch eine Annahme darüber getroffen werden, wie sich über diesen langen Zeitraum die Mietpreis- und Zinsentwicklung darstellt. Hierbei sind die Bemühungen der Legislative zur Mietpreisdeckelung und weiterhin eine ursächliche Beziehung zwischen Kaufpreisen und Zinsen zu berücksichtigen.

---

[10] Vgl. hierzu Pkt. 5.2ff
[11] Hier ohne Zinseszins-Effekte

Für das Geschäftsmodell in München trifft die Bezeichnung Zinsverdichtung (Yield Compression[12]) zu, was faktisch bei einem aktuellen Leitzins von null Prozent[13] den weiteren Rückgang der Rendite und damit umgekehrt eine damit einhergehende Erhöhung des Miet-Cashflow-Multiplikators beschreibt. Um nach 10 Jahren eine ähnliche (Gesamt-)Rendite aus Mietrückflüssen und Restwert wie in Gelsenkirchen zu erzielen, wäre hier nach 10 Jahren eine rund 20 %-ige Steigerung des Restwertes erforderlich. Dies bedeutet, dass Inflation und Zinsen nicht signifikant steigen sollten und die Anzahl der Einwohner zumindest stabil bleibt. Dabei ist insbesondere eine Prognose der Zinsentwicklung über einen solchen Zeitraum, wie bereits erwähnt, hoch spekulativ.

Zusammenfassend ist festzuhalten, dass die Struktur des Cashflow-Rückflusses[14] in beiden Fällen sehr unterschiedlich ist und man deshalb von unterschiedlichen Geschäftsmodellen sprechen kann, wie auch Abbildung 1 verdeutlicht. Diese Akzeptanz dieser unterschiedlichen Cashflow-Struktur durch den Kapitalmarkt ist bei aktuell laufenden Verlusten aus der operativen Geschäftstätigkeit bei Tesla gegenüber BMW nur durch extreme Zukunftserwartungen zu erklären.

---

[12] Vgl. https://blog.exporeal.net/de/yield-compression-fallende-ertrage-steigende-kaufpreise-was-bringt-die-zukunft/#

[13] Stand Juni 2019

[14] Vgl. zum Unterschied zwischen laufender Cashflow- und Wertänderungsrendite auch: https://www.corpus-sireo.com/de-de/glossar/durchschnittsrendite

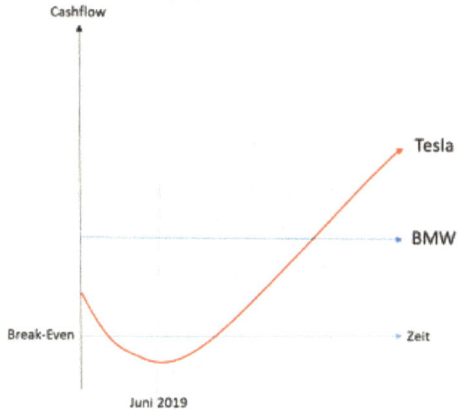

Abb. 1: fiktiver zukünftiger Cashflow am Beispiel BMW und Tesla (Quelle: Eigenermittlung)

4.2   Cashflow-Eintrittswahrscheinlichkeit

Ist das Geschäftsmodell verstanden, erfolgt darauf aufbauend die Modellierung zukünftiger Cashflows.[15] Man kann hier von einer „Hochzeit" von Geschäftsmodell und Cashflow sprechen. Die Einnahmen und Ausgaben sind aufgrund marktüblicher Vergleichs-/Erfahrungswerte und/oder gegebenen Nutzer-/Mietverträge zu bestimmen. Auch zum sogenannten Restwert oder Exit

---

[15] Vgl. Pkt. 7.2.3.3

sind in Abhängigkeit der regionalen Marktdynamik, der übergeordneten Zinserwartung sowie gegebenenfalls weiterer (exogener) Einflussfaktoren Annahmen zu treffen.[16]

Dennoch hat, wie bereits oben angesprochen, die Modellierung eines Cashflows mit Unsicherheit, Erwartungen und Eintrittswahrscheinlichkeiten zu tun. Diese Unsicherheit wird in der Investitionsrechnung durch den Diskontierungszins zum Ausdruck gebracht.[17]

Die Wirkung des Diskontierungszinses auf Investmententscheidungen soll einprägsam nachfolgend erläutert werden. Unterstellt wird ein fiktives Investment, für welches in einem Bieterprozess ein Kaufpreis geboten werden soll. Die Struktur des Cashflows für dieses Investment ist sehr einfach; es ist ein gleichmäßiger (ewiger) Cashflow-Überschuss von EUR 1 Mio. p.a. prognostiziert. Der Charakter des Investments ähnelt somit dem einer Anleihe. Die beiden Bieter A und B kommen in etwa auf eine vergleichbare Struktur und Höhe des Cashflows. Unterschiedlich wird jedoch seine Eintrittswahrscheinlichkeit eingeschätzt.

Während Bieter A, der das Investment in dieser Hinsicht als relativ sicher bewertet und deshalb mit einer vergleichsweise niedrigen risikoadjustierten Renditeerwartung von 5 % zufrieden ist, sieht Bieter B signifikante Ausfallrisiken beim Cashflow. Seine risikoadjustierte Renditeerwartung liegt deshalb mit 10 % deutlich höher.

---

[16] Zu nennen wären hier legislative Eingriffe wie sie aktuell in extremer Ausprägung im Wohnungsmarkt durch Mietpreisregulierung oder gar Vergesellschaftung von Wohnungsbeständen/-unternehmen diskutiert werden; vgl zur Restwertbestimmung auch Pkt. 7.2.2

[17] Vgl. Pkt. 7.2.4

Auf dieser Basis lässt sich rechnerisch bestimmen, wo das Kaufpreisangebot der beiden Bieter liegen wird. Bei einer 5 %-igen Renditeerwartung und einem prognostizieren Cashflow-Überschuss von EUR 1 Mio. p.a. liegt das Kaufpreisangebot von Bieter A bei EUR 20 Mio.[18] Sein risikoaverser Mitbieter B liegt hingegen mit einer 10 %-igen Renditeerwartung bei lediglich EUR 10 Mio. Das jeweilige Kaufpreisangebot wird somit cetris paribus davon bestimmt, wie die Eintrittswahrscheinlichkeit zukünftiger Cashflows eingeschätzt wird. Damit wird die überragende Bedeutung der Antizipation zukünftiger Gegebenheiten bei Investmententscheidungen illustriert.

4.3   Portfolio- versus Objektinvestments

Wir beobachten aktuell eine ausdifferenzierte Immobilien-Marktdynamik nach Nutzungsarten und Regionen. Bei insgesamt weiter niedrigen Renditen verstärken sich die Wettbewerbsintensität, das Risiko eines Fehlinvestments und damit der Druck auf institutionelle Immobilieninvestoren, strategieorientierte Systeme des Immobilienmanagements zu entwickeln und einzusetzen.

Die Differenziertheit des Immobilienmarktes erfordert ebenso differenzierte Sichtweisen und Instrumente zur Sicherung beziehungsweise Stabilisierung einer nachhaltigen Wertentwicklung. Immobilienportfolios umfassen eine Vielzahl unterschiedlicher Objekt-/Standortkombinationen; sie sind damit keine „genormte Lagerware".

---

[18] Hilfestellung: 5% (10%) Renditeerwartung entspricht rechnerisch dem 20(10)fachen; mithin 20(10)x EUR 1 Mio.= EUR 20(10) Mio.

Während ein (Einzel-)Objektinvestment eine Fokussierung auf eben diese eine Immobilie zulässt und daher hinsichtlich der Entscheidungsproblematik vergleichsweise übersichtlich ist, sind Portfolioinvestments durch ein Komplexitätsproblem gekennzeichnet. Dieses besteht darin, alle strategischen, also für Investitions- und Desinvestitionsentscheidungen relevanten Informationen zu allen Objekten an ihren jeweiligen Standorten zeitgleich in einen Entscheidungszusammenhang zu stellen.

Ein Wohnportfolio mit beispielsweise 10.000 Wohneinheiten besteht aus 500 oder mehr Objekt-/Standortkombinationen. Dass im Rahmen einer Portfoliotransaktion eine dezidierte Betrachtung im Einzelnen nahezu unmöglich und hinsichtlich der damit zusammenhängenden Kosten nicht zu rechtfertigen ist, versteht sich von selbst. Das gleiche gilt für das Portfoliomanagement im Sinne laufender Investitions-/Desinvestitionsentscheidungen der Modernisierung oder Veräußerung. Auch dies erfordert einen strategischen Gesamtüberblick über das Portfolio.

Hierzu haben sich heuristische Ansätze des Portfoliomanagements etabliert, auf die im Folgenden auch im Rahmen von Portfoliotransaktionen zurückgegriffen wird.

Abb. 2: Wohnungswirtschaftliche Objekt-/Standortkombinationenen (Lange Malterse und Eulenbaumstaße in Bochum; fiktive Daten)

5 Heuristische Ansätze

5.1 Heuristische versus analytische Verfahren

Heuristik bezeichnet die Fähigkeit, mit begrenzten Ressourcen wie Wissen und Zeit dennoch zu wahrscheinlichen Aussagen oder praktikablen Lösungen zu kommen.[19] Es bezeichnet ein erfahrungsbasiertes Vorgehen, bei dem mit Hilfe mutmaßender Schlussfolgerungen Investitionsentscheidungen getroffen werden. Bekannte Heuristiken sind zum Beispiel Versuch und Irrtum (Trial and Error), statistische Auswertung von Zufalls-Stichproben und das Ausschlussverfahren.[20]

In einem Bieterverfahren zu einer Portfoliotransaktion werden seitens des Verkäufers beschränkte Immobiliendaten den zur Verfügung gestellt. Oftmals hat man es lediglich mit einer Objekt-/Adressdatei mit den jeweiligen Mieteinheiten und Mietflächen, Baujahren sowie Mieterlösen zu tun. Dies gilt insbesondere für die erste Phase eines Bieterverfahrens, die mit einem indikativen Angebot potenzieller Erwerber endet. Eine Auffächerung von Stärken und Schwächen sowie Chancen und Risiken strategischer Objekt-/Standortkombinationen darf hingegen nicht erwartet werden. Dies bleibt Aufgabe der Bieter beziehungsweise Investoren.

---

[19] Heuristik (griechisch „heuriskein" (finden)) vgl. hierzu bspw. Gablers Wirtschaftslexikon

[20] Einen guten Einblick in heuristische Verfahren bietet Berens (1992): Beurteilung von Heuristiken: Neuorientierung und Vertiefung am Beispiel Logistischer Probleme

Heuristik kommt insbesondere dort zum Eindatz, wo analytische Verfahren bei der Lösung von komplexen Prognoseaufgaben einen unverhältnismäßig hohen Aufwand verursachen, der ökonomisch nicht mehr vertretbar ist. Heuristische Verfahren nutzen somit im Gegensatz zu analytischen Verfahren keinen formalen Algorithmus; in vielen Fällen genügt aber bereits ein Ergebnis mit Unschärfen.

5.2   SWOT-Analyse

Der „Klassiker" unter den heuristischen Ansätzen zur Fundierung von Investmententscheidungen ist die SWOT-Analyse[21] (engl. Akronym für Strengths (Stärken), Weaknesses (Schwächen), Opportunities (Chancen) und Threats (Risiken)). Die SWOT-Analyse wurde bereits in den 1960er-Jahren entwickelt. Übertragen auf Portfoliotransaktionen und Portfoliomanagement ist dabei zwischen den Begriffspaaren Stärken und Schwächen sowie Chancen und Risiken zu unterscheiden.

Ersteres Begriffspaar nimmt auf sogenannte endogene Faktoren Bezug, die von einem Investor direkt beeinflusst werden können. Ein Objekt ist hinsichtlich seines Erhaltungszustandes oder seiner funktionalen Eigenschaften veränderbar. Hierbei sind zur Nutzungsart Wohnen beispielsweise der allgemeine Erhaltungszustand, die energetische Qualität, Grundrisse oder Balkone

---

[21] Vgl. weiterführend Eichener/Kamis (2018): Strategisches Management für die Wohnungs- und Immobilienwirtschaft, Seite 117ff.

zu nennen. Bei Bürogebäuden sind regelmäßig die Aspekte Dritt-
verwendungsfähigkeit, Gebäudeerschließung, Raumaufteilung,
Kommunikationstechnik und Klimatisierung relevant.

Im Gegensatz hierzu können exogene Faktoren nicht oder
zumindest nur in seltenen Fällen direkt durch den Investor beeinflusst werden. Exogen sind typischerweise standortbezogene Faktoren. Auf Ebene des Makrostandortes sind es unter anderem Kriterien zum Arbeitsmarkt, zur übergeordneten Verkehrsanbindung
und zum Hochschulwesen. Auf der Ebene des lokalen Gebäu-
deumfeldes, dem Mikrostandort, spielen unter anderem die Nahversorgung, Schulen und Kitas sowie die Anbindung an den öffentlichen Personennahverkehr eine wichtige Rolle.

Damit konzentriert sich eine SWOT-Analyse in diesem
Kontext auf die Immobilien/Objekte einerseits und auf die Stand-
orte/Quartiere andererseits. Beide Betrachtungsebenen sind die
Grundlage einer Portfoliostrukturierung.

5.3   Nutzwertanalyse/Punktwertverfahren

5.3.1   Attribut und deren Gewichtung

Die Nutzwertanalyse, auch Punktwertverfahren oder Sco-ring-Modell genannt,[22] gehört zu den qualitativen, nicht-monetären Analysemethoden der Entscheidungsfindung. Die Nutzwertanalyse ist eine Methodik, die die Entscheidungsfindung bei komplexen Problemen rational unterstützen soll. Die Besonderheit liegt dabei in ihrer additiven multiattributiven Wertefunktion. Es lassen sich damit Einflussfaktoren unterschiedlicher Ausprägung in einen Entscheidungszusammenhang stellen.

Nachdem in der SWOT-Analyse nach Objekt und Standort differenziert wurde, geht es nunmehr darum, diese Analyseebenen konkret zu beschreiben. Damit sind diejenigen Attribute zu bestimmen, die Stärken und Schwächen sowie Chancen und Risiken strategischer Objekt-/Standortkombinationen hinreichend zum Ausdruck bringen. Es genügt also nicht, einen Begriff wie gute oder weniger gute Verkehrsinfrastruktur in den Raum zu stellen; notwendig ist dessen Operationalisierung in Sinne von „messen, zählen, wiegen".

Bei einer Vielzahl einflussnehmender Attribute sind es allerdings in der Regel wenige, die besonders relevant sind. Dies entspricht dem Paretoprinzip oder der 80-zu-20-Regel.[23] Bereits oben wurde dies am Beispiel endogener und exogener Faktoren

---

[22] Vgl. weiterführend Eichener/Kamis (2018): Strategisches Management für die Wohnungs- und Immobilienwirtschaft, Seite 126ff.
[23] Vgl. https://www.pareto-prinzip.net

erläutert. Die Praxis hat gezeigt, dass eine mittlere einstellige Anzahl von Attributen den Zukunftserfolg sowohl hinsichtlich endogener als auch exogener Faktoren hinlänglich beschreiben.

Sodann erfolgt die Gewichtung der Ausgangsinformation beziehungsweise Attribute zu ihrer jeweiligen Fragestellung. Diese Gewichtung ist in der Regel erfahrungsbasiert und wird in fachbereichsübergreifenden Gruppengesprächen erarbeitet und kritisch hinterfragt.

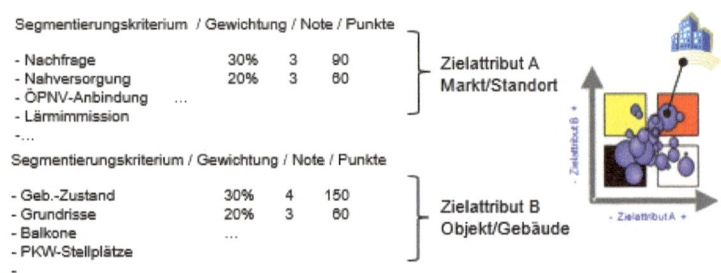

Abb. 3: Wohnungswirtschaftliches Scoring-Modell (Quelle: Eigenermittlung)

5.3.2 Benotung der Attribute

Schließlich erfolgt in einem letzten, dritten Schritt die Benotung der Attribute auf Immobilien-Objektebene. Durch den Standardisierungscharakter der Bewertungsvorgabe bei einem Punktwerteschema ist die Gefahr subjektiv gefärbter Einschätzung auch bei Einbeziehung mehrerer Bearbeiter gering. Wie schon erwähnt, sind dabei bestimmte operationalisierende Vorgaben notwendig. Exogene Faktoren werden beispielsweise durch infrastrukturelle Attribute konkretisiert. Hierzu gehören regelmäßig die Nahversorgungssituation oder die Anbindung an den öffentlichen Personennahverkehr (ÖPNV). Beides beinhaltet eher qualitative Aussagen („gute oder weniger gute" ÖPNV-Anbindung).

Für Zwecke des Punktwertverfahrens werden konkrete Festlegungen getroffen, die eine Aussage wie „gut oder weniger gut" greifbar machen. Ein Fußweg von fünf Minuten vom Objekt zur nächsten Haltestelle, also 300 bis 500 Meter, ist selbstverständlich attraktiver zu bewerten als eine Wegstecke, die nicht mehr fußläufig zu bewältigen ist. Hierfür werden jeweils innerhalb eines festgelegten Spektrums von beispielsweise 1 bis 5 (5 = sehr gut = Maximalwert) Punkte vergeben.

Dabei ist darauf zu achten, dass die einzelnen Attribute nicht in die gleiche Richtung weisen und mithin positiv korrelieren, da ansonsten Gewichtungen überzogen werden. Daher ist oftmals feststellbar, dass eine gute Nahversorgung, repräsentiert durch EDEKA; REWE, Lidl oder Aldi ein hinreichendes Attribut ist und insofern auf die Überprüfung anderer Attribute wie das Vorhandensein von Ärzten/Apotheken oder Kitas verzichtet werden kann. Zwischen vielen Attributen besteht nicht nur eine positive Korrelation, sondern auch eine Kausalität. Immer dann, wenn eine bestimmte urbane Dichte erreicht ist, sind wiederkehrende Gegebenheiten zu beobachten. Man greift sich also diejenigen Attribute heraus, die am besten bestimmbar ist.

Auf Ebene des Mikrostandortes, also bezogen auf die unmittelbare Objektumgebung, sind via Online-Kartendienst Attribute wie Geräuschimmission durch Straßenverkehr (lokale Erschließungs- versus überörtliche Durchgangsstraßen) oder im Satellitenmodus die PKW-Stellplatzsituation bewertbar.

Die weitaus überwiegende Anzahl der Wohngebäude in Deutschland in institutioneller Hand sind in zwei Baujahresklassen zusammenfassbar. Hierzu gehören die Jahre von 1945 bis Mitte/Ende der 60er-Jahre (Nachkriegs-Schlichtbauten) sowie danach bis Mitte der 70er-Jahre verdichtete, mehrgeschossige (soziale) Wohnungsbauten. Beide Wohntypen zeichnen sich durch jeweils typische Merkmale aus. So kann man von einer baujahrestypischen Raumaufteilung ausgehen, ohne die Wohneinheiten besichtigen zu müssen. Der bauliche Erhaltungszustand von beispielsweise Nachkriegs-Schlichtbauten ist grundsätzlich kritisch zu sehen; allerdings genügt eine 3D-image eines Online-Kartendienstes, um diese Erwartung zu bestätigen oder zu relativieren, wie Abbildung 4 eindrucksvoll belegt.

Jede Objekt-/Standortkombination bekommt schließlich einen gewichteten Gesamt-Punktwert, der die Stärken und Schwächen sowie Chancen und Risiken ausdrückt.

Abb. 4: Foto-Ansicht eines sanierten Wohngebäudes aus den 1960er Jahren (Lange Malterse in Bochum)

Hinsichtlich makroökonomischer Aspekte ist es fraglich, welche Rolle Attribute wie die Arbeitsplatz- und damit verbunden die Einwohnerentwicklung eines Standortes spielen. Offensichtlich ist die Betrachtung dieses Attributes nur dann sinnvoll, wenn das Portfolio auf verschiedene Makrostandorte/Gebietskörperschaften verteilt ist und sich dabei makroökonomische Unterschiede feststellen lassen. Aber selbst in diesem Fall empfiehlt es sich, jeden makroökonomischen Verdichtungsraum als ein separates Portfolio zu bewerten.

Allerdings bedarf eine Grundsatzentscheidung, sich auf Standorte mit bestimmten makroökonomischen Merkmalen zu konzentrieren, keine detaillierten SWOT-Analyse. Investoren, die sich in Deutschland auf die Top-5-Städte konzentrieren wollen, bieten nicht auf ein Portfolio im mittleren Ruhrgebiet. Anderseits gibt es Secondary City Funds, die genau darauf fokussiert sind.

5.4   Portfoliomatrix

Zur Visualisierung der SWOT-Analyse in Verbindung mit einem Punktwertverfahren hat sich die zweidimensionale Matrixdarstellung etabliert.[24]

Entstanden ist diese Form der Visualisierung schon in den 1970er-Jahren. Die Unternehmensberatungen Boston Consulting Group und McKinsey differenzierten strategische Geschäftsfelder, meist im industriebetrieblichen Kontext, durch die Attribute des

---

[24] Auch aus praktischen Gründen, da selbst Microsoft-Excel hierzu Diagrammtypen bietet.

relativen Marktanteils (x-Achse) und der Marktattraktivität (y-Achse). Mit dem relativen Marktanteil, also dem eigenen Marktanteil des analysierten Geschäftsfeldes in Relation zum Wettbewerb, wurde auf sogenannte Skaleneffekte Bezug genommen. Hierbei wird unterstellt, dass sich durch einen hohen relativen Marktanteil Vorteile in der Beschaffung, Produktion und Vermarktung und somit Skaleneffekte generieren lassen.

Aus einer solchen Geschäftsfeldanalyse lassen sich strategische Aussagen mit Blick auf Lebenszyklus und Handlungsoptionen ableiten. Für die deutsche Wohnungswirtschaft ist auf Bundesebene ein stark fragmentierter Markt zu konstatieren.[25] Eine überragende Stellung bei hohen relativen Marktanteilen ist nur in wenigen lokalen Teilmärkten gegeben.[26]

Wie oben bereits ausgeführt, konzentriert sich auch deshalb eine SWOT-Analyse im immobilienwirtschaftlichen Kontext auf die Immobilien/Objekte einerseits und auf die Standorte/Stadtteile andererseits. Beide Betrachtungsebenen sind die Grundlage der hier erfolgten Portfoliosegmentierung.

---

[25] Selbst Vonovia als bundesweiter wohnungswirtschaftlicher Marktführer verfügt nach eigenem Bekunden lediglich über einem (absoluten) 2%-igen Marktanteil im Mietwohnungsmarkt (vgl. FAZ-Interview mit dem Vonovia CEO Rolf Buch vom 12. Aubust 2019).

[26] Als Beispiel ist hier das Märkische Viertel in Berlin zu nennen, wo von rd. 20 Tsd. Wohneinheiten 18 Tsd. von einer Wohnungsgesellschaft gehalten werden.

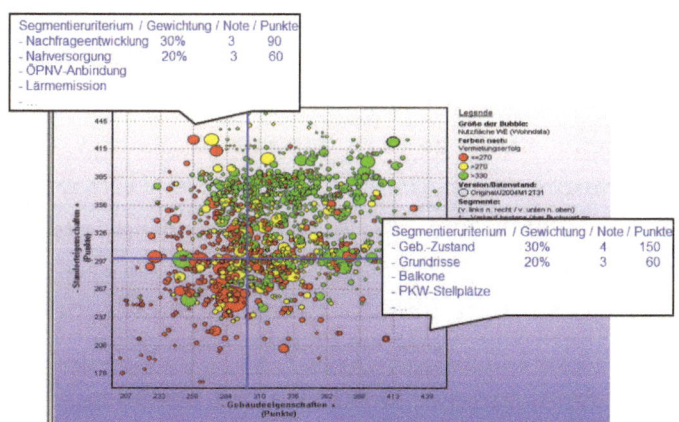

Abb. 5: Wohnungsportfolio-Matrix (Quelle: Datenbanksoftware Innosys in einer konkreten Portfolioanwendung mit eigenen Ergänzungen)

In einer Portfoliomatrix werden die Objekte durch Blasen visualisiert. Die Größe der Blase steht in der Regel für Mietfläche oder Sollmiete. Durch Ampelfarben kann der aktuelle Vermietungserfolg dargestellt werden. Im wohnungswirtschaftlichen Kontext bedeutet Grün, dass die aktuelle Miete mindestens der Marktmiete und der Leerstand höchstens dem marktdurchschnittlichen Leerstand oder alternativ dem des Portfolios entspricht. Die Farbe Rot weist zu beiden Kriterien auf umgekehrte Gegebenheiten hin. Bei Gelb ist eines der beiden Kriterien, also entweder der Leerstand oder die Miete negativ außerhalb des Durchschnittes.

Im Nutzungssegment der Büro-/Gewerbeimmobilien kann die Farbgebung den gewichteten Durchschnitt der restlichen Mietdauer darstellen, da diese im Gegensatz zur Wohnungswirtschaft nicht zeitlich unbestimmt, sondern in der Regel befristet ist.

5.5   Datenbasis und Datenstabilität

Es bleibt die Frage nach der Datenbasis bzw. -quelle für diejenigen Informationen, die für ein Punktwertverfahren notwendig sind. Hier stehen zunächst einmal Online-Kartendienste wie allen voran Google Maps zur Verfügung. Ohne körperliche Besichtigung vor Ort sind die unmittelbare Umgebungssituation eines Objektes, die Anbindung an die lokale Versorgungs- und Verkehrsinfrastruktur und auch die architektonisch-baulichen Gegebenheiten selbst zu erkennen. Durch Heranzoomen und 3D-Visualisierung ist der Erhaltungszustand der Objekte, sind Balkone oder auch die PKW-Stellplatzsituation erkennbar, wie bereits oben mit Abbildung 4 illustriert.

Es ist jedoch davon abzuraten, eine Datenbasis darauf auszurichten, unmittelbar Antworten auf alle möglichen und unmöglichen Fragen zum Portfolio bereitstellen zu wollen. Das Jäger- und Sammlerverfahren ist zeitaufwendig und kostspielig. Es spricht einiges für eine zweckbezogene, jedoch vergleichsweise grobmaschige Datendetaillierung; der Grenznutzen einer x-ten Zusatzinformation zum Objekt oder zum Standort steht in keinem angemessenen Verhältnis zum Erhebungs- und späteren Aktualisierungsaufwand.

Zahlreiche Online-Quellen stehen mit einer Vielzahl von Daten zur Verfügung, die nur rudimentär verknüpft sind und genutzt werden. Richtig eingesetzt helfen diese Daten, das Potenzial von Immobilieninvestments einzuschätzen. Dazu gehören auf jeden Fall auch statistische Daten zur Bevölkerungsentwicklung; auf

Makroebene ist hier beispielsweise der Wegweiser Kommune[27] zu nennen.

Auf lokaler Ebene ermöglichen Webseiten vieler Gebietskörperschaften lokale Wanderbewegungen bis auf Ebene von Bezirken und Ortsteilen zu analysieren und somit die Attraktivität eines Standortes/Stadtteiles zu verifizieren.[28]

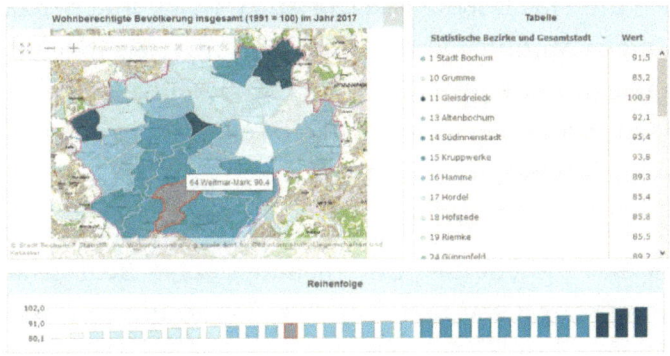

Abb. 6 Online-Informationen der Stadt Bochum zur innerstädtischen Bevölkerungsentwicklung

Immer stärker drängen Anbieter hierzu auf den Markt. Beispielhaft sind hier zwei Datenmanagement-Systemkategorien zu nennen. Dies sind zunächst Datenbanksysteme mit bestimmten Analyse-Funktionalitäten. Weiterhin sind eine Daten-Wertschöpfungsstufe tiefer Ansätze angesiedelt, deren Schwerpunkt auf der automatisierten Generierung marktbezogener Ausgangsdaten auch aus bestehenden Online-Datenquellen fokussiert ist. Für

---

[27] Vgl. https://www.wegweiser-kommune.de/
[28] Vgl. beispielhaft https://duvatools.bochum.de/bostatisIA/atlas.html

beide Kategorien stehen die nachfolgend skizzierten Produkte Innosys und 21st Real Estate.

Innosys von Deloitte Real Estate Consulting stellt mit seinen Business-Intelligence-Lösungen schon seit vielen Jahren wesentliche Bausteine der strategischen Auseinandersetzung mit Immobilienportfolios bereit. Sämtliche Module und Funktionalitäten teilen sich dieselbe Datenbasis. Die Ausprägung und der Zuschnitt der benötigen Module werden nach den Anforderungen des Kunden festgelegt. Der Anwender kann darüber hinaus alle eingelesenen Modelle und Kalkulationslogiken selbst anpassen und weiterentwickeln (Self-Service-Customizing).

Die Investment-Managementplattform Capital Bay hat über ein ausgegliedertes Unternehmen, 21st Real Estate, den Schwerpunkt auf die automatisierte Generierung von Marktdaten gelegt. Dafür werden räumlich-ökonometrische Algorithmen verwandt. Die Fläche Deutschlands wird in einem Kachelsystem aufgegliedert. Dafür werden rund eine Million Ergebniskacheln generiert, die Gebietskörperschaften auf eine Größe von 200 x 200 Metern ausmessen. Auf dieser Basis werden für jede einzelne Ergebniskachel individuelle Informationen berechnet, die beispielsweise die Zentralität, Mobilität und Nahversorgung für diese Kachel abbilden. Dies ermöglicht eine sofortige Einschätzung des Werts und des Potentials einer Lage.

6 Strategische Handlungsoptionen

6.1 Komplexitätsreduktion

Eine strategische Portfoliosegmentierung kann im Ergebnis die Komplexität eines Immobilienportfolios nicht beseitigen, sie dient jedoch dazu, diese anschaulich werden zu lassen. Durch eine Segmentierung werden verschiedene Handlungsoptionen ausgeschlossen oder zumindest eingeschränkt, sodass eine weitere Analyse einzelner Objekte im späteren Immobilienmanagement bezogen auf bestimmte Handlungsoptionen erfolgen kann. Jedes dieser Segmente prägt dann je nach der Immobilien-Nutzungsart ein spezifisches Geschäftsmodell aus.

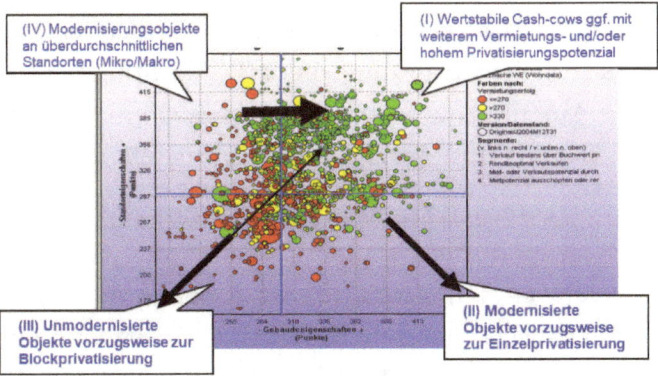

Abb. 7: Ableitung strategischer Handlungsoptionen (Quelle: Datenbanksoftware Innosys in einer konkreten Portfolioanwendung mit eigenen Ergänzungen)

6.2   Premiumstrategie

Das Segment I ist gleichermaßen durch überdurchschnittliche Objekt- und Standorteigenschaften und damit in wechselseitiger Beziehung durch geringe Standort- und Objektrisiken gekennzeichnet. In Anlehnung an die obige Einführung in die Investment-Grundlogik ist hier von einem längerfristig stabilen Miet-Cashflow und damit stabilen Immobilienwerten auszugehen. Für das Immobilienportfolio können wir hier von einem Premiumsegment sprechen. Die risikoadjustierte Renditeerwartung dürfte wegen des vergleichsweise niedrigen Investmentrisikos geringer anzusetzen sein. Damit sind hier vice versa in einem Ankaufprozess auch höhere Kaufpreismultiplikatoren zu kalkulieren.

Die zu diesem Geschäftsmodell passende Handlungsoption ist in einem ersten Reflex sicher ein längerfristiges Halten ohne offensichtlichen Handlungsbedarf. Allerdings sei an dieser Stelle an die Ausführungen oben erinnert, nicht in tradierte Denkweisen zu verfallen und durchaus auch vernetzt zu denken.

Vernetzt werden können hier Ursachen und Wirkungen zu Immobilienwerten der letzten Jahre. Als wesentliches übergeordnetes Kriterium aktuell vergleichsweise hoher Immobilienpreise sind niedrige Zinsen zu nennen. Niedrige Zinsen sind eine Funktion der Geldpolitik der Zentralbanken, die der Geldwertstabilität verpflichtet sind. Deren Leitzinsen geben an, unter welchen Bedingungen sich Kreditinstitute bei Noten- und Zentralbanken Geld leihen und folglich auch verleihen können.

Immobilieninvestments erfordern durch diese Kausalität eine Meinung zur zukünftigen Zinsentwicklung, da Zinssteigerungen das Alternativspektrum für Geldanlagen in andere Assetklassen erweitern und damit Immobilien tendenziell weniger attraktiv erscheinen lassen. Gut zu beobachten ist dieser Zusammenhang bei börsennotierten Immobilienunternehmen, deren Aktienkurs immer dann leidet, wenn im Markt Zinserhöhungen diskutiert werden.

Sofern Investoren der Meinung sind, Zinsen werden sich in absehbarer Zeit ändern, sollte dies in die Bewertung und die Bestimmung von Handlungsoptionen einfließen. Setzt sich also im Ankaufprozess oder während des späteren Immobilienmanagements die Meinung durch, dass Immobilienwerte wegen der niedrigen Zinsen ihren Zenit erreicht haben, sollten die Immobilien nicht zu diesem (Zenit-)Preis gekauft werden oder bedingungslos gehalten werden.

6.3   Einzelprivatisierungsstrategie

Segment II besteht aus Objekten mit geringen substanziellen oder funktionalen Risiken. Allerdings entspricht der Standort nicht den strategischen Erfordernissen; die Generierung stabiler Miet-Cashflows dürfte deshalb längerfristig anspruchsvoll sein. Entsprechend ist das diesbezüglich höhere Risiko auch zu bewerten. Eine strategische Handlungsoption könnte der Exit sein. Da es sich hier um sanierte Objekte handelt, bietet sich insbesondere eine Mieterprivatisierung an. Mieter, bei denen aufgrund ihrer Sozialisation und beruflichen Bindung von einer hohen Standortbindung auszugehen ist und die deshalb strategische Standortkriterien anders als der Portfolioinvestor einschätzen, kommen als Käufer infrage. Die aktuelle Zinssituation unterstützt dies argumentativ, da Zinsen und Mieten sich oft die Waage halten. Bei einer professionellen Umsetzung der Privatisierungsstrategie ist von einem sukzessiven Exit dieses Portfoliosegments innerhalb von rund fünf Jahren auszugehen.

Büro-/Gewerbeimmobilien sind in diesem Segment hingegen wesentlich unsystematischer zu bewerten. Ein nachhaltiger Miet-Cashflow ist in der Regel von lokalen Gegebenheiten abhängig, was wiederum eine lokale Marktexpertise erfordert. Für bundesweit ausgerichtete Portfolioinvestoren setzt eine kleinteilige Strategie die Präsenz einer eigenen personellen Marktkompetenz voraus, was wiederum in wechselseitiger Beziehung eine wirtschaftlich kritische Masse an Objekten vor Ort erfordert. Sofern dies nicht gegeben oder beabsichtigt ist, kann dieses Portfoliosegment nur dann akzeptiert werden, wenn das Gesamtvolumen von untergeordneter Bedeutung ist.

6.4   Blockverkaufsstrategie

Im Segment III kommt im Vergleich zu Segment II eine unterdurchschnittliche Objektattraktivität hinzu. Hier ist ein Investitionsstau im Bereich Dach und Fach und in der Gebäudetechnik oft gepaart mit funktionalen Nachteilen, wie das Fehlen von Balkonen etc. Hinsichtlich Büro-/Gewerbeimmobilien bleibt meist nur ein „auscashen", also ein Realisieren der noch laufenden Mietverträge. Eine marktliche Neupositionierung mit einem Update der baulich-funktionalen Aspekte mag im Einzelfall funktionieren. Diese Ausnahmen sind jedoch nicht geeignet, darauf eine Portfoliostrategie zu fundieren. Anzuraten ist hier entweder ein Investment nahe der Grundstückspreise zuzüglich kapitalisierbarer Restlaufzeiten von Mietverträgen oder das Projekt nicht weiter zu verfolgen.

Für institutionelle Investoren erfordert die Auflösung eines Investitionsstaus oder ein bauliches Improvement im Wohnungssegment durchaus EUR 500 bis 1.000 je qm. Um dies zur refinanzieren, ist ein zusätzlicher Miet-Cashflow von 4 bis 8 EUR je qm erforderlich[29], was bei den skizzierten Standortgegebenheiten in der Regel illusorisch ist.

Sofern das Portfolio eines Bestandhalters Objekte in diesem Segment beinhalten, ist die Handlungsoption: „Blockverkauf" zu erwägen. Insbesondere im Wohnungsbereich, bisweilen auch in der gewerblichen Nutzung finden sich private oder semi-professionelle Investoren, denen mit hoher Eigenleistung, deutlich geringerem Mitteleinsatz und teilweise in späterer Selbstnutzung eine marktliche Neupositionierung der Objekte gelingt.

---

[29] Zur Verdeutlichung: bei EUR 1.000/qm und einer 10 jährigen Refinanzierungszeit sind EUR 100/qm p.a. oder EUR 8,3/qm mtl. zu generieren und zwar zusätzlich zur bestehenden Miethöhe.

6.5   Improvement-Strategie

Hingegen werden im Segment IV bei unterdurchschnittlichen Objekteigenschaften die Standortpotenziale nicht hinreichend ausgeschöpft. Von allen Objekten des gesamten Portfolios ist in diesem Segment ein wirtschaftlicher Mehrwert mit zusätzlichen, objektbezogenen Investitionen in der Regel am ehesten zu erzielen. Insofern kann dieses Segment als Value Add oder gar opportunistisch bezeichnet werden. Im Gegensatz zu Segment II sind hier aus Marktsicht mit einer Modernisierung regelmäßig Mietpreissteigerungen in einer Größenordnung erwartbar, die eine solche bauliche Verbesserung rechtfertigen.

Freie Miet-Cashflows insbesondere aus dem Segment I in Verbindung mit Verkäufen aus den Segmenten II/III fließen in die baulich-technische und marktliche Neuposition der Objekte. Diese freien Cashflows werden hierdurch absorbiert und später durch höhere Miet-Cashflow refinanziert. In Analogie zu den einleitenden Ausführungen zur Investmenttheorie kann dieses Segment mit dem eines opportunistischen Immobilieninvestors, eines Immobilienentwicklers oder eben auch mit dem Geschäftsmodell von Tesla verglichen werden; Cashflows sind anfänglich negativ und drehen erst im Zeitablauf ins Positive.

Nach erfolgter Neupositionierung wandern die Objekte innerhalb der Portfoliomatrix in das Nachbarsegment I, in dem dann eine laufende strategische Überprüfung analog der obigen Ausführungen zu diesem Segment erfolgt.

7 Bewertung

7.1 Verfahrensaspekte

Eine Portfolioanalyse zielt darauf ab, unter Einsatz quali-
tativer/quantitativer Aspekte die Chancen und Risiken eines Investments oder im laufenden Management besser einschätzen zu
können. Damit ist die Grundlage für eine Ableitung immobilien-
wirtschaftlicher Geschäftsmodelle und Handlungsoptionen ge-
schaffen. Wie oben ausgeführt, folgt zur Vorbereitung der Portfo-
liobewertung nunmehr die Verknüpfung der Geschäftsmodelle
mit zu erwartenden Cashflows; es entsteht ein Cashflow-Modell.

Bereits seit Ende der 70er-Jahre haben sich insbesondere im
anglo-amerikanischen Wirtschaftsraum zur Bewertung von Investments dynamische, finanzmathematische Methoden durchge-
setzt. Sie werden eingesetzt, um bei Verwendung marktorientier-
ter Parameter den Wert eines Objektes oder Portfolios als wesentliche Aktiva eines Immobilienunternehmens zu berechnen. Be-
grifflich und inhaltlich konnte sich hier die Discounted-Cashflow-
(DCF-)Methode etablieren. Hierbei werden wie bei jedem Geschäftsmodell anderer Branchen die Kundenbeziehungen kapitali-
siert; Beton, Steine oder Maschinen sind Mittel zum Zweck, nicht
aber primärer Bewertungsgegenstand. Dies bedeutet praktisch,

dass erwartbare Einnahmen und Ausgaben auf Jahresbasis model-
liert, auf den Bewertungsstichtag abdiskontiert und addiert werden.[30]

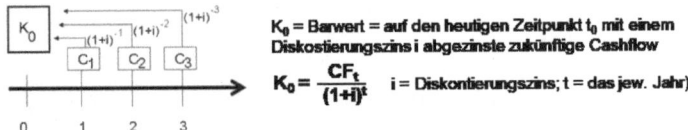

Abb. 8: Rechenlogik eines diskontierten Cashflows (Barwertberech-
nung)

Die DCF-Methode ist nicht normiert,[31] sie ist im Grunde genommen lediglich eine finanzmathematische Rechenformel und
insofern erklärungsbedürftig. Neben der Modellierung des Cashflows spielen hierbei der Betrachtungszeitraum sowie die risikoadjustierte Renditeerwartung, also der Diskontierungszins eine
entscheidende Rolle.

In seiner konkreten Ausprägung und praktischen Anwen-
dung ist das DCF-Verfahren allerdings in Varianten aufgefächert.
Im Wesentlichen lassen sich Equity- und Entity-Varianten unterscheiden, auch als Netto- und Bruttoverfahren bezeichnet.[32]

Bei der Equity-Methode wird der Wert eines (Immobilen-)
Unternehmens in einem Schritt ermittelt. Die erwarteten, den Ei-

---

[30] Vgl. weiterführend Drukarczyk/Schüler (2016): Unternehmensbewertung, Seite 81ff.;
vgl. auch Ernst/Schneider/Thielen (2018): Unternehmesbewertung erstellen und verstehen, S. 27 ff.

[31] Vgl. weiterführend Diederichs (2006): Immobilienmangement im Lebenszyklus, S.
610 ff.

[32] Vgl. weiterführend Drukarczyk/Schüler (2016): Unternehmensbewertung, S. 99 ff.

genkapitalgebern zustehenden Cashflows, also abzüglich des Kapitaldienstes, bestehend aus Zins und Tilgung werden auf den Bewertungsstichtag mit Hilfe des Diskontierungszinses als risikoäquivalente Renditeforderung des Eigenkapitals diskontiert. Dies führt, zusammen mit dem diskontierten Restwert (abzügich der Restvaluta) am Ende der Planungsperiode, somit direkt zum Wert des Eigenkapitals.[33]

Die Entity-Methode dagegen führt über einen Umweg zum inneren (Netto-)Wert des Unternehmens.[34] Es wird zunächst der Gesamtwert des Immobilienportfolios ermittelt, indem die überschüssigen Cashflows ohne Berücksichtigung der Finanzierung beziehungsweise des Kapitaldienstes diskontiert werden. Hierbei beinhaltet der Diskontierungszins sowohl den Eigenkapital- und/oder Fremdkapitaleinsatz. Diese Cashflows verbleiben für Auszahlungen an die Eigen- und Fremdkapitalgeber. Nach Abzug der Verbindlichkeiten von dem so ermittelten (Brutto-)Wert erhält man den Wert des Eigenkapitals.

In der Praxis wird für eine DCF-Bewertung im Zuge der Internationalisierung der Kapitalmärkte überwiegend das Konzept der gewogenen durchschnittlichen Kapitalkosten, der „Weighted Average Cost of Capital (WACC)"[35] und damit die Entity-Methode herangezogen. In den folgenden Ausführungen werden wir uns daher auf die Erläuterung des WACC-Ansatzes kon-

---

[33] Zu den hier angesprochenen Themen wie Casflow, Restwert, Diskonierungszins etc., vgl. Pkt. 7.2
[34] Zum inneren Unternehmenswert oder Net-Asset-Value vgl. Pkt. 9.3
[35] Vgl. Pkt. 7.2.4.1

zentrieren. Dies entspricht im Übrigen auch den IFRS Bilanzie-
rungsgrundsätzen[36], indem Aktiva und Passiva grundsätzlich un-
saldiert auszuweisen sind.

Zur abschließenden Ergänzung sei ein weiteres Verfahren
zur Immobilienbewertung erwähnt, das Ertragswertverfahren
nach der ImmoWertV.[37] Die Berechnungsgrundlage ist hier einmal
der Bodenwert und zum anderen der Gebäudeertragswert, abge-
leitet aus dem Miet-Cashflow. Dieses insbesondere in Deutschland
gebräuchliche Verfahren versucht durch Normierung die Frei-
heitsgrade der Bewertung zu verringern. Allerdings setzt die An-
wendung einen kontinuierlichen Miet-Cashflow voraus, der insbesondere bei einer baulichen oder marktlichen Neupositionierung
eines Objektes nicht gegeben ist. Daher ist das Ertragswertverfahren hinsichtlich seiner Anwendungsbreite im Rahmen eines akti-
ven Portfoliomanagements nur eingeschränkt nutzbar und kann
bei Ansatz von Jahresdurchschnittswerten zu groben Wertverzer-
rungen führen.

---

[36] Vgl. IFSR International Financial Reporting Standards; vgl. hierzu Bösch (2019): Finanzwirtschaft. S. 491

[37] Vgl. hierzu https://www.gesetze-im-internet.de/immowertv/; vgl. auch Sommer/Kröll
(2017) Lehrbuch zur Immobilienbewertung, S. 17ff.

7.2 DCF-Bewertungsparameter

7.2.1 Betrachtungszeitraum

Die Länge des Betrachtungszeitraums eines Cashflow-Modells hängt unmittelbar von dem jeweiligen Geschäftsmodell ab. Sofern ein immobilienwirtschaftliches Geschäftsmodell wie oben in den Segmenten II/III den Verkauf von Objekten oder Mieteinheiten innerhalb eines definierten Zeitraumes vorsieht, bestimmt dieser auch den Betrachtungszeitraum. Es würde bei einer beispielsweise 5-jährigen Abverkaufs-/Privatisierungsphase keinen Sinn ergeben, über diesen Zeitraum hinauszuschauen.

Sofern allerdings die Position eines strategischen Investors mit einer zeitlich unbestimmten Haltedauer eingenommen wird, stellt sich allerdings diese Frage. In der Regel begrenzt man den Betrachtungszeitraum, da eine explizite Bewertung von Ereignissen im Bestandsmanagement langfristig nicht seriös vorzunehmen ist. Es liegt in der Natur der Finanzmathematik, dass die ersten Jahre einen überproportional großen Einfluss auf das Bewertungsergebnis ausüben, wohingegen weit in der Zukunft liegende Zahlungsströme abdiskontiert an Einfluss verlieren.

Beispielhaft für dieses Vorgehen sei das Geschäftsmodell gemäß Segment IV genannt, wo in den ersten Jahren von einem negativen Cashflow auszugehen ist, der erst dann stabil ins Positive dreht.

In der Praxis ist bei zeitlich unbestimmter Haltedauer ein Betrachtungszeitraum von 10 Jahren verbreitet, da dieser Zeitraum insbesondere bei diskontinuierlichem Cashflow noch kalkulierbar ist.

Schließlich sind für die DCF-Rechenlogik Annahmen zu den unterjährigen Cashflows zu treffen. Mietzahlungen als wesentlicher Cashflow fließen nicht am Anfang oder am Ende eines Jahres, sondern laufend monatlich. Dies gilt mit gewissen Abstrichen auch für die Ausgabenseite. Es wäre also falsch, beispielsweise das erste Betrachtungsjahr im gesamten Betrachtungszeitraum von 10 Jahre mit 0 oder 1 abzuzinsen. 0 würde eine vorschüssige, 1 eine nachschüssige Verzinsung bedeuten, was beides nicht der Realität entspricht. Man kann sich hier mit der Linearitätsannahme behelfen, also mit einem Diskontierungsmittelwert von – im ersten Jahr 0,5 und dann folgende (1,5; 2,5; 3,5 etc.).

7.2.2 Restwerte

Restwerte nach Ablauf des expliziten Betrachtungszeitraumes von hier 10 Jahren sind zunächst finanzmathematische Platzhalter. Dies entbehrt nicht die Notwendigkeit, bei der Restwertbestimmung eine quantifizierbare Meinung darüber zu entwickeln, ob und in welcher Höhe ein Objekt auch nach zehn Jahren noch einen Cashflow erwirtschaftet und wer mit welchem Kalkül diese Objekte in zehn Jahren erwerben wird.

Zu der Fragestellung, wer mit welchem Kalkül die Immobilie erwerben wird, sollte sich jeder Investor schon zu Beginn im Klaren sein, da sich hieran die Höhe des Restwertes knüpft. Dazu dienten die Segmentierung und die Ableitung von Handlungsoptionen. Im Segment I ist bei überdurchschnittlich guten Objekt-/Standorteigenschaften durchaus davon auszugehen, dass der natürliche technische Werteverzehr durch die Attraktivität des Standortes kompensiert wird und damit die Ankaufrendite der Restwertrendite entspricht. Bei Unterstellung einer weiter positiven Nachfragedynamik wie oben im Beispiel München kann ceteris paribus sogar von weiteren Wertsteigerungen ausgegangen werden.

Im Gegensatz hierzu sei an das Beispiel Gelsenkirchen erinnert, wo es nicht darum gehen kann, Wertsteigerung zu erwarten, sondern die Immobilie schnellstmöglich auszucashen. Der Objekt-Restwert ist dann unter Einbeziehung eines natürlichen technischen Werteverzehrs im Zweifel mit einem deutlichen Abschlag anzusetzen.

Wird ein baulich-technisch abgewirtschaftetes Objekt mit guten Standortpotenzialen gemäß Segment IV erworben, sieht die Sache anders aus. Nach erfolgter Modernisierung und Eliminierung der Neupositionsrisiken kann von einer nachhaltigen Vermietung gemäß Segment I ausgegangen werden. Damit wäre dann von einem strategischen Investmentkalkül auszugehen. Die risikoadjustierte Renditeerwartung nach dieser Neupositionierung sollte damit regelmäßig niedriger sein und der Restwertmultiplikator vice versa deutlich oberhalb des Kaufpreismultiplikators liegen.

Sofern das Geschäftsmodell des Portfolios auch die Veräußerung von Objekten oder Mieteinheiten vorsehen (Segmente II und III), stellt sich die Frage des Restwertes selbstverständlich nicht mehr. Restwerte sind somit suzessive über die Veräußerungen realisiert worden. Am Ende der Betrachtungsperioden – hier nach etwa fünf Jahren – hat sich dieser Aspekt somit erledigt.

7.2.3 Einzelaspekte zur Cashflow-Modellierung

7.2.3.1 Inflation

Bei einer DCF-Rechnung kann der Aspekt der Inflation kontrovers diskutiert werden.[38] Festzuhalten ist, dass diese auf beide Vorzeichen eines Cashflows, den Einnahmen und Ausgaben, anzuwenden wäre. Dies relativiert die Bedeutung, da sich der Inflationseffekt teilweise ausgleicht. Eine ökonomisch unsinnige, einseitige Inflationierung beispielweise der Einnahmenseite würde zu groben Verzerrungen im Bewertungsergebnis führen.

Weiterhin besteht zwischen Inflation und der risikoadjustierten Renditeerwartung, also dem Diskontierungszins, eine Kausalität. Sofern also das Cashflow-Modell Inflationserwartungen beinhaltet, so ist auch der Diskontierungszins entsprechend anzupassen, also zu erhöhen. Dieser Zusammenhang ist durch die Kernaufgabe der Zentralbanken erklärbar, für Geldwertstabilität zu sorgen. Mithin würde Inflation ceteris paribus auch eine Erhöhung der Leitzinsen zur Folge haben.

---

[38] Vgl. weiterführend Drukarcyk/Schüler (2016): Unternehmensbewertung, S. 152 ff.

Auch wenn aktuell kolportiert wird, die Europäische Zentralbank hätte mit ihrer Geldpolitik die Finanzierungskosten einzelner Länder im Blick, darf der genannte Zusammenhang nicht negiert werden. Die Folge hiervon ist, dass ein inflationierter Cashflow werterhöhend, ein damit angehobener Diskontierungszins jedoch wertverringernd wirkt. Beides gleicht sich also aus. Als Quintessenz hierzu bleibt festzuhalten, dass Inflation in der DCF-Rechnung materiell Ansichtssache bleibt.

Ein Aspekt sollte hierbei allerdings nicht unterschlagen werden. Sofern beispielsweise Miet-Cashflows inflationiert werden, fehlt die zur Erklärung der Cashflow-Entwicklung notwendige Ausdifferenzierung der Miete in Mengen-(Nachfrage-) und Preis-(Inflations-)effekt. Daher könnte bei expliziter Berücksichtigung einer Inflationserwartung in dem DCF-Modell selbst in „schwachen" Regionen ein steigender Miet-Cashflow im Zeitablauf die Folge sein, der dann gegebenenfalls nichts mit Angebot und Nachfrage zu tun hat und damit die Aussagequalität zum Miet-Cashflow verwässert.

7.2.3.2 Ertragssteuern

Auch eine mögliche Einbeziehung betrieblicher Ertragssteuern, d. h. (Einkommens-)Körperschafts- und Gewerbesteuer, sind im Zusammenhang mit der Cashflow-Modellierung diskutierbar.[39] Es sei jedoch angemerkt, dass im Rahmen des WACC-An-

---

[39] Vgl. weiterführend Ballwieser/Hachmeister (2016): Unternehmensbewertung, S. 141ff.

satzes das Eigenkapital bei der Bestimmung des Diskontierungs-zinses grundsätzlich vorsteuerlich zu bewerten ist. Eine theoretisch mögliche Berücksichtigung von Ertragssteuern im Diskontierungszins würde ökonomisch unsinnig zu einem niedrigeren Diskontierungszins und somit vice versa zu einem höheren Wertansatz führen, der dann über die explizite Modellierung von Ertragssteuern im Cashflow zu korrigieren wäre.

Nicht unerwähnt bleiben soll an dieser Stelle, dass der Einsatz von Fremdkapital für das Investment einen steuermindernden Effekt hat, da Zinszahlungen (zumindest grundsätzlich) steuerlich abzugsfähig sind und damit das zu versteuernde Einkommen reduziert wird. Diesem Aspekt kann im WACC mit einem Steuerkorrekturfaktor Rechnung getragen werden (sog. „Tax Shield"). Auf die weitere Erläuterung des Steuerkorrekturfaktors wird hier jedoch verzichtet.[40]

Voraussetzung für eine explizite Berücksichtigung von Ertragssteuern wäre zudem eine frühzeitige Entscheidung über den gesellschaftsrechtlichen Rahmen eines Portfolios, da diese eine zukünftige Besteuerung bestimmt.[41] Zu nennen ist hier die unterschiedliche steuerliche Behandlung einer GmbH/AG, eines „Zweckvermögen" wie dem offenen Immobilienfonds oder eines Real Estate Investment Trust (REIT).

Weitere Gestaltungsoption sind sogenannte steuertransparente Strukturen unter Nutzung der Gegebenheiten anderer Juris-

---

[40] Vgl. weiterführend Ernst/Schneider/Thielen (2016): Unternehmensbewertunen erstellen und verstehen, S. 29

[41] Vgl. weiterführend u.a. Schreiber (2017): Die Besteuerung der Unternehmen

diktion wie beispielsweise einer Niederländischen BV oder Luxemburgischen SICAV.[42] Zudem wäre hierbei die Besteuerung auf Ebene des Immobilienportfolios als Unternehmen und der Besteuerung auf Anlegerebene im Rahmen einer Ausschüttungspolitik zu differenzieren. Dies alles sei jedoch nur der Vollständigkeit halber genannt, da eine Würdigung diesbezüglicher Alternativen den Rahmen der vorliegenden Arbeit sprengen würde.

7.2.3.3 Cashflow-Parameter

Nachdem zur DCF-Modellierung Zeithorizont, Restwert, Inflation und Steuern angesprochen wurden, ist nunmehr der Cashflow selbst Gegenstand der weiteren Ausführungen.

Zunächst ist von der Überlegung auszugehen, alle relevanten Ein- und Auszahlungen, die mit einem Immobilien-Geschäftsmodell in Beziehung stehen, zu beziffern. Hierzu gehört der zukünftige Miet-Cashflow wie auch – sofern das jeweilige Geschäftsmodell dies vorsieht – die Veräußerung einzelner Objekte oder Mieteinheiten, die somit substitutiv zu einem ansonsten anzusetzenden Restwert einfließen.

Zur Leerstandsentwicklung ist eine marktbezogen-quantifizierbare Position einzunehmen. Dies gilt ebenso für Miet-/Erlösausfallrisiken.

---

[42] *SICAV* ist die Abkürzung des französischen Begriffes „société d'investissement à capital variable" (grundsätzlich vergleichbar mit einem offenen Immobilienfonds)

Die wesentlichen Ausgaben beziehen sich auf die Instandhaltung, Instandsetzung und Modernisierung, wobei hier selbstverständlich die mietvertraglichen Besonderheiten des jeweiligen immobilienwirtschaftlichen Teilmarktes zu berücksichtigen sind. Anzusprechen sind hier im gewerblichen Vermietungsmarkt insbesondere Double- oder Triple-Net Verträge, bei denen die Mieter/Nutzer neben Betriebskosten auch die Kosten für Instandhaltung/Instandsetzung tragen.

Weiterhin spielen Personal- und sächliche Ausgaben der Verwaltung, beziehungsweise bei ausgelagerter Organisation auch als Management-Drittleistungen zusammengefasst, eine wesentliche Rolle.

Nicht umlegbare Betriebskosten sind insbesondere bei hohem Leerstand relevant und deshalb grundsätzlich zu berücksichtigen.

Zusammenfassend wurde anhand der hier vorliegenden Ausführungen deutlich, dass sich die Cashflows entsprechend der herausgearbeiteten Segmente und der daraus ableitbaren Geschäftsmodelle und strategischen Handlungsoptionen ausdifferenzieren. Es liegen bei vier Segmenten auch vier Cashflow-Modelle vor. Der Gesamtwert des Immobilienportfolios bildet sich additiv aus vier Teilportfolios beziehungsweise vier Teilwerten.

7.2.4 Diskontierungszins

7.2.4.1 Eigen- und Fremdkapital

Wie oben ausgeführt, ist die Bestimmung des Diskontierungszinses essentiell für das Bewertungsergebnis. Mit nachfolgender Überlegung soll dies weiter verdeutlicht werden. Sofern im Rahmen eines Investments eine in der Realität allerdings unwahrscheinliche, vollständige Fremdkapitalfinanzierung vorliegen würde, ausschließlich durch das Portfolioinvestment abgesichert, so wäre die risikoadjustierte Renditeerwartung praktisch durch den Fremdkapitalgeber vorgegeben, indem er dem Investor einen Fremdkapitalzins berechnet. Nur in diesem Fall läge aus Sicht des Investors eine gesicherte Basis für den Diskontierungszins vor, nämlich in Höhe der Fremdkapitalzinsen.

Wird hingegen – was der Regelfall ist – auch Eigenkapital eingesetzt, so liegt die Bestimmung seiner risikoadjustierten Renditeanforderung für das Eigenkapital originär in der Verantwortung des Investors. Wer sich hierzu nicht in der Lage sieht, sollte Investmentrisiken nicht tragen und sich auf ein Investment in deutsche Staatsanleihen kaprizieren.

Dieses Gedankenspiel findet sich auch in der Ableitung des Diskontierungszinses aus den WACC.[43] Am Beispiel einer 50 %-

---

[43] Vgl. weiterführend Drukarczyk/Schüler (2016): Unternehmensbewertung, S. 197 ff.; vgl. auch Bösch (2019): Finanzwirtschaft, S. 309 ff.

igen Fremdkapitalfinanzierung bei einem Zinssatz von 2 % und eigenen Kapitalkosten für die verbleibenden 50 % von 8 % würde sich rechnerisch ein Diskontierungszins von 5 % ergeben.

$$WACC = \frac{EK \times i_e + FK \times i_f}{EK + FK}$$

WACC: Weighted Average Cost of Capital
(gewichteter durchschnittlicher Kapitalkostensatz)
EK: Eigenkapital
FK: Fremdkapital
i_e: Verzinsungsanspruch der Eigenkapitalgeber
i_f: Verzinsungsanspruch der Fremdkapitalgeber

Abb. 9: Ableitung der Weighted Average Cost of Capital (WACC)

Wie gesagt, die Bestimmung der risikoadjustierten Renditeerwartung für das Eigenkapital liegt grundsätzlich in der Verantwortung des Investors. Er hat die Wahrscheinlichkeit des Eintritts zukünftiger Cashflows abzuschätzen.

Ansätze zu einer diesbezüglichen Abschätzung wurden oben anhand der SWOT-Analyse beschrieben. Selbstverständlich ist die Eintrittswahrscheinlichkeit zukünftiger Cashflows in den einzelnen Segmenten unterschiedlich. Ob eine baulich-technische Repositionierung der Objekte in Segment IV tatsächlich in späteren Perioden zu höheren und sichereren Miet-Cashflows führt wie bereits heute in Segment I, muss sich erst noch erweisen. Auch kann keinesfalls als gesichert gelten, dass die Exit-Strategien in den Segmenten II/III funktionieren, auch wenn der Exit-Ansatz strategisch zielführend erscheint.

In der immobilienwirtschaftlichen Praxis wird über verschiedene, durchweg ex post orientierte Ansätze versucht, dieses Bestimmungsproblem zum Diskontierungszins zu lösen. Zwei dieser Ansätze werden nachfolgend ausgeführt.

7.2.4.1 Liegenschaftszinsen

In normierten Ertragswertverfahren [44] wird über lokale Gutachterausschüsse versucht, die Rendite aus gegebenen Transaktionen einer vergangenen Periode abzuleiten. Die Gutachterausschüsse sind über das Baugesetzbuch legitimiert. [45] Sie verstehen sich als selbstständiges Kollegialorgan unabhängiger, ehrenamtlicher Gutachter.

Bundesweit gibt es derzeit 1.380 lokale Gutachterausschüsse, wobei sich die Anzahl zwischen den Bundesländern stark unterscheidet. Wesentliche Aufgaben sind die Führung und die Auswertung der Kaufpreissammlung sowie die Ermittlung der sonstigen für die Wertermittlung erforderlichen Daten. Diese werden in der ImmoWertV näher definiert. Ein zentraler Aspekt hierzu bildet die Ermittlung von Liegenschaftszinssätzen, die faktisch mit Diskontierungszinsen vergleichbar sind. Dabei handelt es sich um die Zinssätze, mit denen Verkehrswerte von Grundstücken im Durchschnitt marktüblich verzinst werden. Sie sind auf der Grundlage geeigneter Kaufpreise und der ihnen entsprechenden Mit-Cashflows für gleichartig Objekte unter Berücksichtigung

---

[44] Vgl. ImmoWertV Pkt. 7.1
[45] Vgl. §192 BauGB

der jeweiligen Restnutzungsdauer nach den Grundsätzen des Ertragswertverfahrens abzuleiten.

Eigentlich sollte der Liegenschaftszinssatz die Zukunftserwartungen der Marktteilnehmer widerspiegeln, jedoch wird er anhand vergangener Markttransaktionen ermittelt. Zudem setzt dies eine ausreichende Grundgesamtheit an vergleichbaren Transaktionen voraus. Da Immobilien keine genormte Lagerware sind, und die Objekt-/Standortkombinationen selbst lokal sehr unterschiedlich sein können, ist der Liegenschaftszins allenfalls als ein grober Orientierungswert. Zudem kann dies die jeweilige Handlungsstrategie zu einer Immobilie nicht abbilden, da diese von den individuellen Dispositionen der Investoren abhängig ist.

Neben Gutachterausschüssen befassen sich auch größere Makler- und Immobilienberatungsfirmen mit Marktrenditen. Im Ergebnis liefern auch deren Analysen Durchschnittsrenditen zur Orientierung, regelmäßig auf unterschiedliche Nutzungsarten bezogen.

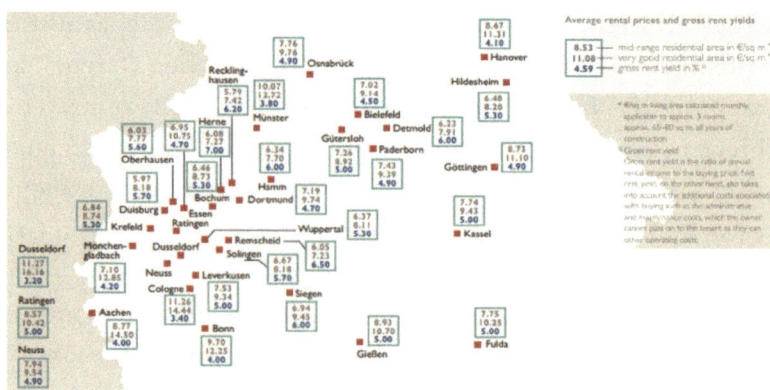

Abb. 10: Durchschnittsrenditen zum Wohnungsmarkt in Deutschland (Ausschnitt; Quelle: Catella Research 2019)

7.2.4.2 Capital Asset Pricing Modell

Das Capital Asset Pricing Modell, auch kurz CAPM genannt[46], ist der bekannteste und am weitesten verbreitete Ansatz zur Bestimmung der Eigenkapitalkosten im Kapitalmarkt. Aufgrund der CAPM werden die Eigenkapitalkosten nach der folgenden Formel ermittelt:

$Ri = Rf + \beta \times (Rm - Rf)$

Ri = riskioadjustierte Renditewerwartung
Rf = Rendite der risikofreien Anlage
Rm = erwartete Rendite des Marktportfolios
β = Betafaktor

Bei kapitalmarktkonformer Bewertung setzt sich die zu erwartende Rendite aus dem Zinssatz für risikofreie Anlagen zuzüglich eines individuellen Risikozuschlags zusammen. Nach dieser Logik muss mit jedem Investment mindestens der risikofreie Zinssatz verdient werden, da der Investor gerade auf diese Anlagemöglichkeit durch das vorliegend diskutierte Portfolioinvestment verzichtet. Man spricht in diesem Zusammenhang auch von Opportunitätskosten. [47] Als risikofreie Anlage werden regelmäßig Bundesanleihen betrachtet, die aktuell mit 0 % verzinst werden.

Der Risikozuschlag wird zum einen durch die Risikoprämie für das allgemeine Marktrisiko (Rm − Rf) bestimmt, zum anderen durch den sogenannten Betafaktor. Laut J.P. Morgan Asset Management lag die Rendite von Immobilieninvestments in den

---

[46] Vgl. weiterführend Drukarczyk/Schüler (2016): Unternehmensbewertung, S. 461
[47] Vgl. http://www.wirtschaftslexikon24.com/d/kalkulationszinssatz/kalkulationszinssatz.htm

letzten zehn Jahren bei 9,0 % pro Jahr, gemessen im Index FTSE NAREIT All REITS. Im Vergleich hierzu erzielte eine Anlage in globale Aktien eine jährliche Rendite von 6,7 %.[48]

Der Betafaktor schließlich ist Portfolio-/Unternehmensabhängig und gibt das Ausmaß des statistischen Zusammenhangs zwischen dem Risiko des zu bewertenden Portfolios und dem allgemeinen Immobilien-Marktrisiko wieder. Hier wird also analysiert, ob das vorliegende Investment in der Vergangenheit höhere oder geringere Ausschläge zu Gesamtmarkt auswies. Je größer der Betafaktor ist, umso höher der Risikozuschlag. Sind die Wertausschläge deckungsgleich zum Gesamtmarkt, beträgt dieser 1.[49]

Bei dieser Analyse kommen selbstverständlich nur öffentlich zugängliche Vergleichsdaten börsennotierter Unternehmen infrage. Als Referenz zu dem zu bewertenden Portfolio in der Nutzungsart Wohnen werden Unternehmen wie Vonovia, Deutsche Wohnen, LEG oder TAG herangezogen, im Nutzungssegment Einzelhandel Defama oder FCR sowie im Bürosegment Unternehmen wie die Aroundtown/TLG oder Prime Office.

Auch dieser Zusammenhang lässt sich grafisch über die sogenannte Wertpapierlinie abbilden, analytisch über eine lineare Regression gemäß Abbildung 11 ermittelt und in dem nachfolgenden Zahlbeispiel erläutert.

---

[48] https://www.capital.de/insights/jpmorgan/thema/marktgeschehen/immobilieninvestments-mit-langfristig-hoher-rendite
[49] Ein höherer Wertausschlag führt dann zu Betafaktoren > 1 (und umgekehrt)

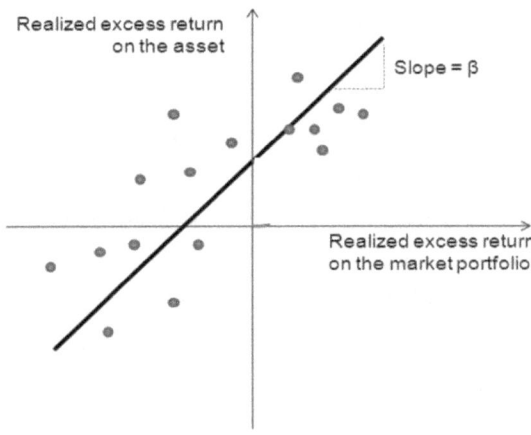

Abb.11: Ableitung des Betafaktors aus einer linearen Regression

Rf = 0% (10 jährige Bundesanleihen)
Rm = 9% (siehe oben Index FTSE NAREIT All REITS)
Betafaktor = 1

Ri = Eigenkapitalverzinsung = 0+1x(9-0) = 9%

Im vorliegenden Fall entspricht das individuelle Investmentrisiko dem allgemeinen Immobilien-Marktrisiko; im Rahmen der WACC würde also die risikoadjustierte Renditeerwartung für das Eigenkapital 9% betragen.

Eine der Grundannahmen des CAPM ist die des vollkommenen Kapitalmarktes. Daraus folgt, dass sich das Risiko eines Unternehmens vollständig im Aktienkurs widerspiegelt. Dieser Ansatz mag zwar wegen seiner stringenten Kapitalmarktorientierung beeindrucken, jedoch ist auch hier eine Rückbetrachtung zu konstatieren, wo doch (zukünftige) Eintrittswahrscheinlichkeiten antizipiert werden wollen.

7.2.4.3 Fazit zum Diskontierungszins

Jedes der oben skizzierten Verfahren zur Bestimmung risikoadjustierter Renditeerwartungen versucht, die subjektiven Einschätzungen und Analysen durch normierte Verfahrensansätze zu unterfüttern. Dies mag in einem Portfoliokontext als Orientierung ausreichen, bei dem eine Vielzahl von Objekten einzelwirtschaftliche Besonderheiten beispielsweise des Mikrostandortes zu überlagern vermag.

Auch analytische Verfahren wie die lineare Regression lassen jedoch allenfalls eine Annäherung zum vermeintlichen Investmentrisiko zu. Da sich Betafaktoren im Zeitablauf wie erwähnt erheblich ändern können, ist die unreflektierte Extrapolation der Historie kritisch. Es muss daher untersucht werden, inwieweit die in der Vergangenheit gültigen Risikofaktoren auch zukünftig von Bedeutung sind.

Schlussendlich bleibt die Bestimmung des Diskontierungszinses originäre Investorenaufgabe. Dabei darf eines nicht unterschlagen werden. In der Vermietung einschließlich der Neu-/Repositionierung von Objekten im Wettbewerb spielt die individuelle Kompetenz des Investors, Geschäftsmodelle umzusetzen und die damit im Zusammenhang stehenden Cashflows real werden zu lassen, eine maßgebliche Rolle.

Die Erfahrungskurve aus der industriellen Fertigung besagt, dass sich bei Erhöhung der kumulierten Ausbringungsmenge die Produktionseffizienz verbessert. Dies lässt sich selbstverständlich auch in anderen Branchen beobachten.[50] Ohne hinreichende Managementerfahrung können selbst vergleichsweise einfach strukturierte Investments zu einem finanziellen Desaster führen.

7.3 Sensitivitätsanalysen

Die vorstehend beschriebenen Aspekte zur DCF-Modellierung sind nachfolgend anhand eines oben vorgestellten Portfolios von 10.000 Wohneinheiten über Microsoft Excel umgesetzt. Dabei wurde zum besseren Verständnis in (gelbe) Input-Zellen und (weiße) Output-Zellen unterschieden.

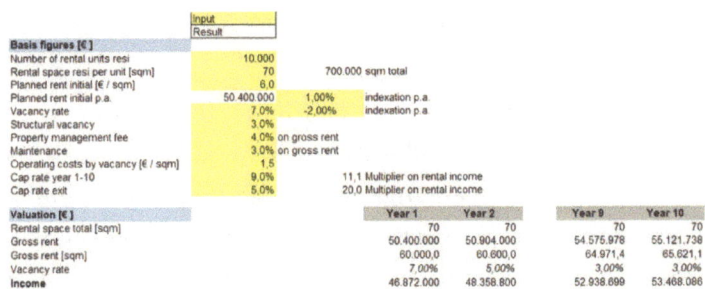

Abb. 12: Basisdaten zu einem DCF-Modell (Quelle: Eigenermittlung)

Erkennbar wird hier die Behandlung der Entwicklung des Miet-Cashflows und des Leerstandes (Indexation) einschließlich einer Annahme zur sogenannten Fluktuationsreserve (Structural

---

[50] https://wirtschaftslexikon.gabler.de/definition/erfahrungskurve-35660

Vacancy). Auch wird in dem DCF-Modell die unterschiedliche Behandlung des Diskontierungszinses (Cap-Rate) während und nach dem 10-jährigen Betrachtungszeitraum deutlich.

Im Ergebnis repräsentiert das Portfolio einen Wert von rund EUR 700 Mio. Dabei erfolgte im zweiten Jahr eine beträchtliche Modernisierung (Capex).

Valuation [€]	Year 1	Year 2	Year 9	Year 10
Rental space total [sqm]	70	70	70	70
Gross rent	50.400.000	50.904.000	54.575.978	55.121.738
Gross rent [sqm]	60.000,0	60.600,0	64.971,4	65.621,1
Vacancy rate	7,00%	5,00%	3,00%	3,00%
Income	46.872.000	48.358.800	52.938.699	53.468.086
Property management fee	2.016.000	2.036.160	2.183.039	2.204.870
Operating costs by vacancy	89	63	38	38
Maintenance	1.512.000	1.527.120	1.637.279	1.653.652
Capex	0	100.000.000	0	0
Expenses	3.528.088	103.563.343	3.820.356	3.858.589
Cashflow (Net operating income NOI)	43.343.912	-55.204.543	49.118.342	49.609.526
Cashflow from exit	0	0	0	1.069.361.712
Cashflow incl. exit value	43.343.912	-55.204.543	49.118.342	1.118.971.238
Discounted Cashflow incl. exit	41.515.938	-48.510.424	23.611.222	493.477.315
Asset value incl. exit	696.650.901			

Summery [€]			
asset value		696.650.901	
Purchase price		696.650.901	
Add. purchase expenses	0,0%	0	
Total investment		696.650.901	995
Exit value		1.069.361.712	1.528

Abb.13: Wertermittlung zu einem DCF-Modell (Quelle: Eigenermittlung)

Um die Stabilität der Cashflow-Planung zu überprüfen, bieten sich Sensitivitätsanalysen an, bisweilen auch „Stress-Test" genannt. Einzelne Bewertungsparameter werden realitätsnah variiert und dabei der Einfluss beziehungsweise der Hebel auf das Bewertungsergebnis geprüft. Dabei entstehen variante Cashflow-Szenarien, auch Base-, Best- und Worst-Case genannt werden.

Da eine einseitig negative oder positive Variation mehrerer Bewertungsparameter eher konstruiert ist und nicht der Risikorealität entspricht, werden in der Regel diejenigen Bewertungsparameter, zwischen denen ein Zusammenhang zu vermuten ist, in Beziehung gesetzt. Beispielsweise betrifft dies die Beziehungspaare Leerstand und Miethöhe oder Modernisierung und Miethöhe.

So kann im Zusammenhang der Bewertungsparameter Leerstand und Miethöhe gemutmaßt werden, dass bei aggressiverer Mietpreispolitik eine Leerstandsreduktion deutlicher schwieriger ist, als es hier im sogenannten Base-Case unterstellt. Würde der Mietpreis gegenüber der Planung jährlich von 1 % auf 1,5 % erhöht und dabei die laufende Reduktion des Leerstands von 2 % auf 1 % halbiert, hätte dies immerhin noch einen positiven Werteffekt von knapp EUR 23 Mio. (Wertsteigerung von EUR 700 auf 723 Mio.). Dabei wird in dem Beispiel eine moderatere Leerstandsreduktion durch die Steigerung der Miete dominiert.

Alternativ kann die Sensitivitätsanalyse in einem Tornadodiagramm dargestellt werden.[51] Ein Tornadodiagramm ist eine spezielle Art von Balkendiagramm, bei dem Kategorien wie Mietpreis- oder Leerstandsentwicklung sind so angeordnet, dass der größte Balken am oberen Rand des Diagramms erscheint, der zweitgrößte ist der Zweite von oben, und so weiter. Das Tornadodiagramm wird im Rahmen der Business Case Analyse dazu verwendet, um die größten Risikofaktoren im DCF-Modell zu identifizieren.

Viele interne Diskussionen während eines Investmentprozesses zu einzelnen Investmentparametern erledigen sich bei einer quantitativen Unterfütterung, wie beispielhaft durch die Sensitivitätsanalyse ausgeführt, sehr schnell. Somit führt die DCF-Methode auch hier zu transparenten und nachvollziehbaren Managemententscheidungen.

---

[51] Vgl. http://www.solutionmatrix.de/tornado-diagramm.html

8 Businessplanung

8.1 Abgrenzung zur Bewertung

In einem DCF-Modell sind alle Cashflow-Parameter aus der gewöhnlichen, operativen Geschäftstätigkeit abgebildet. Damit liegt das betriebliche Ergebnis vor Steuern und Zinsen vor. Hierfür haben sich im Finanz- und Kapitalmarkt die Begriffe „Earnings before Interest and Taxes (EBIT)" oder „Net Operating Income (NOI)" etabliert. Diese Daten bieten sich undiskontiert auch als Grundlage der Businessplanung an.

Die wesentliche Ergänzung zum operativen Cashflow erfährt die Businessplanung jedoch durch die Einbeziehung der Finanzierung, d. h. der laufenden Zinszahlungen und Tilgung (Interest, Amortisation) sowie ertragssteuerlicher Aspekte, die hier allerdings nicht weiter vertieft werden. Zur Erinnerung sei hier angemerkt, dass unser DCF-Modell nach der Entity-Methode arbeitet, die Finanzierungskosten implizit als Teil der Diskontierungszinsen nach dem WACC-Ansatz berücksichtigt. Die Businessplanung hat die Finanzierung hingegen explizit zu berücksichtigen.

Das primäre Erkenntnisziel der Businessplanung ist demnach nicht die Bewertung durch Abdiskontierung, sondern die Sicherstellung jederzeitiger Zahlungsfähigkeit im Zeitablauf. Die Businessplanung ist dabei nicht mit einer Gewinn- und Verlustplanung zu verwechseln, die auch zahlungsunwirksame Aufwendungen und Erträge beinhaltet.

Abbildung 14 zeigt, dass der Cashflow aufgrund der geplanten Modernisierungsmaßnahmen im zweiten Jahr negativ ist.

Daraus folgt in der Praxis, entweder die Maßnahme auf zukünftige Jahre zu verteilen oder eine Finanzierung dieser Unterdeckung sicherzustellen. Im Rahmen einer Fremdkapitalfinanzierung könnte hier zwischen Ankauf- und Capex-Finanzierungslinie unterschieden werden. Denkbar wäre in einem solchen Fall jedoch auch, mit der finanzierenden Bank eine temporäre Tilgungsaussetzung zu vereinbaren um somit zumindest den Tilgungsteil der Finanzierung auszugleichen.

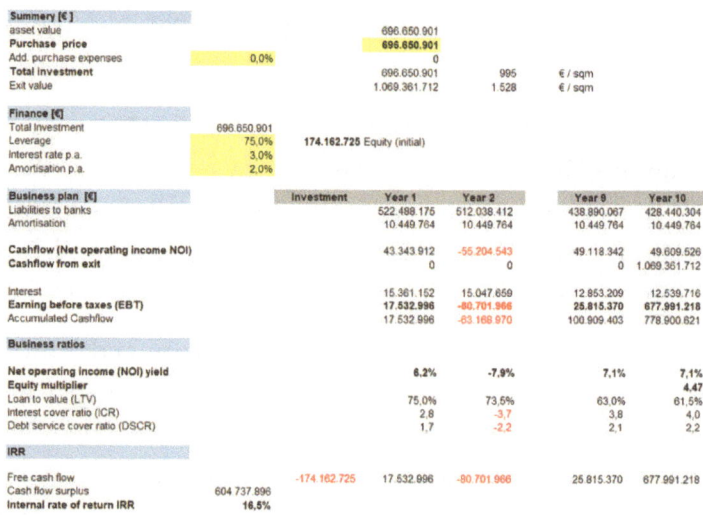

Summary [€]						
asset value			696.650.901			
Purchase price			**696.650.901**			
Add. purchase expenses	0,0%		0			
Total investment			696.650.901	995	€ / sqm	
Exit value			1.069.361.712	1.528	€ / sqm	
Finance [€]						
Total investment	696.650.901					
Leverage	75,0%	**174.162.725** Equity (initial)				
Interest rate p.a.	3,0%					
Amortisation p.a.	2,0%					
Business plan [€]		Investment	Year 1	Year 2	Year 9	Year 10
Liabilities to banks			522.488.175	512.038.412	438.890.067	428.440.304
Amortisation			10.449.764	10.449.764	10.449.764	10.449.764
Cashflow (Net operating income NOI)			43.343.912	-55.204.543	49.118.342	49.609.526
Cashflow from exit			0	0	0	1.069.361.712
Interest			15.361.152	15.047.659	12.853.209	12.539.716
Earning before taxes (EBT)			**17.532.996**	**-80.701.966**	**25.815.370**	**677.991.218**
Accumulated Cashflow			17.532.996	-63.168.970	100.909.403	778.900.621
Business ratios						
Net operating income (NOI) yield			**6,2%**	**-7,9%**	**7,1%**	**7,1%**
Equity multiplier						**4,47**
Loan to value (LTV)			75,0%	73,5%	63,0%	61,5%
Interest cover ratio (ICR)			2,8	-3,7	3,8	4,0
Debt service cover ratio (DSCR)			1,7	-2,2	2,1	2,2
IRR						
Free cash flow		-174.162.725	17.532.996	-80.701.966	25.815.370	677.991.218
Cash flow surplus		604.737.896				
Internal rate of return IRR		**16,5%**				

Abb.14: Überleitung der Bewertung in eine Businessplanung (Quelle: Eigenermittlung)

Zum NOI kommen in der Businessplanung also die jährlich zahlungswirksamen Aspekte der Finanzierung, d.h. wie Zins- und Tilgungsleistungen. Daraus errechnet sich wiederum freie Cash-Flow, der entweder als Dividende ausgeschüttet oder thesauriert, d.h. einbehalten werden kann.

8.2 Kennzahlen

Aus dem Businessplan sind relevante Unternehmenskennzahlen abzuleiten. Die operative Ertragskraft spielt hierbei eine wesentliche Rolle. Diese wird „Funds from Operations (FFO)" bezeichnet und setzt üblicherweise auf dem Jahresüberschuss der Gewinn- und Verlustrechnung auf. Diesem werden vorgenommene Abschreibungen (bei HGB-Bilanzierung) wieder hinzugerechnet und Zuschreibung aus Neubewertungen wieder abgezogen. Beide Positionen sind nicht zahlungswirksam und dementsprechend nicht operativ.

Abhängig vom Aussageziel des FFO sind auch eventuelle Gewinne aus der Objektveräußerung zu extrahieren, da im Extremfall die Veräußerung des Immobilienvermögens die operative Ertragskraft massiv beeinträchtigen würde. Der FFO gibt also Auskunft darüber, was ein Investment tatsächlich abwirft.

Unter Herausrechnung der Zinsleistungen und da hier keine Objektveräußerung unterstellt wurden, entspricht in der hier zugrunde gelegten Businessplanung der FFO dem NOI oder dem freien Cashflow. Dieser ist in der Abbildung 14 identisch mit „Earning before taxes (EBT)", allerdings unter Hinzurechnung eventueller Tilgungsleistungen, das diese selbstverständlich nicht dem operativen Geschäft zuzurechnen sind. Dieser Zusammenhang hier nochmals in einer vereinfachten Übersicht:

Net Operating Income	Jahresüberschuss
./. Zinsleistungen	+ Abschr. ./. Zuschreibungen
Funds from Operations	**Funds from Operations**
./. Tilgungsleistungen	
Freier Cashflow	

Wesentlich für den Finanz- und Kapitalmarkt sind auch Rentabilitätskennziffern, wie der NOI-Rendite (NOI-Yield), der eine Beziehung zwischen dem Kaufpreis oder Marktwert einzelner Objekte beziehungsweise dem Portfolio und dem Ergebnis aus der gewöhnlichen operativen Geschäftstätigkeit bilden.

Für Banken beziehungsweise Fremdkapitalgeber ist die Fähigkeit des Portfolios zu Kapitaldienstdeckung relevant. Hier geht es zunächst um den „Loan to Value (LTV)", also das Verhältnis des Fremdkapitals zum Immobilien-Kaufpreis beziehungsweise Markt-/Verkehrswert. Mit Blick auf die Ertragskraft ist das Verhältnis des NOI zu den Zinsleistungen oder erweitert um Tilgungen zum Kapitaldienst von erheblicher Bedeutung. Man spricht hier von einer „Interest Cover Ratio (ICR)" oder zusammengefasst Zinsen und Tilgung von einer „Debt Service Cover Ratio (DSCR)".

Alle drei Finanzkennzahlen, LTV, ICR und DCSR, sind obligatorisch Gegenstand des Kreditvertrages mit Fremdkapitalgebern. In diesen Kreditverträgen werden Klauseln, sogenannte Covenants, in Form konkreter Grenzwerte vereinbart. Werden sie gebrochen, räumt dies dem Kreditgeber die Möglichkeit von Sanktionen ein, im Zweifel auch die Fälligstellung des Kredites.

Eigenkapitalgeber fragen insbesondere bei einer begrenzten oder definierten Anlageperiode auch nach dem Verhältnis des anfänglich eingesetzten zum laufend oder am Ende der Investmentperiode ausgeschütteten Eigenkapital, dem Equity Multiplier.

Schließlich gibt die Auflösung der oben erläuterten Diskontierungsformel nach i, also zum Zins, Aufschluss über den internen Zins, der „Internal Rate of Return (IRR)". Hiermit wird also nicht nach dem Barwert, also den abdiskontierten Cashflows als möglicher Angebotspreis zu einem Portfolio gefragt. Umgekehrt wird bei einer vorgegebenen Kaufpreiserwartung, dem „Asking-Price" des Verkäufers, in Verbindung mit den zukünftigen Cashflows aus diesem Investment die resultierende Verzinsung errechnet.

9   Investmentkalkül

9.1   Investorentypologie

Es erscheint eher ungewöhnlich, sich erst am Ende der vorliegenden Arbeit mit Investment-Kalkülen zu befassen und nicht bereits am Anfang. Der Grund hierfür ist, dass es zur Beurteilung von Investment-Kalkülen einer fundierten Erarbeitung von Investmentparamatern bedarf, die sich über Geschäftsmodelle und deren Bewertungen erstrecken. Dabei geht es im Wesentlichen um die Frage der Risikobereitschaft und Renditeerwartung der Investoren.

Die Investorensicht wird im Wesentlichen durch die Marktliquidität beeinflusst, wobei sich „Liquidität" auf die Handelbarkeit eines Produktes bezieht, also mit anderen Worten, ob ausreichend Angebot und Nachfrage besteht. Je liquider ein Markt, desto besser ist dieser einzuschätzen und zu bewerten. Der Risikobereitschaft, in vergleichsweise illiquide Märkte zu investieren, steht eine hohe Renditeerwartung gegenüber.

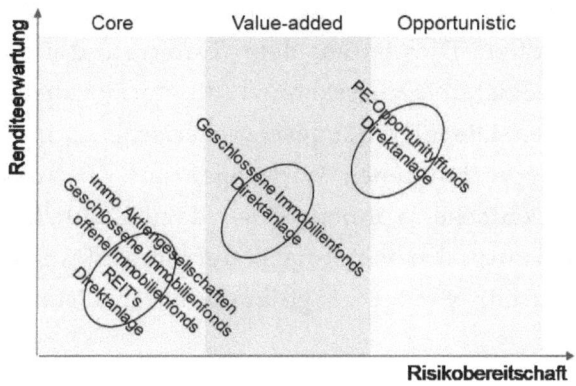

Abb. 15: Risikobereitschaft und Renditeerwartung nach Investorentypen (Quelle: Eigenermittlung)

Jedes Investment – egal ob in Gelsenkirchen oder München – ist, wie oben ausführlich beschrieben, eine Wette auf die Zukunft. Wie in der Abbildung 15 erkennbar, korreliert die Bereitschaft, Investitionsrisiken einzugehen, mit einer hohen risikoadjustierten Renditeerwartung. Dies erscheint selbstverständlich, sollte aber auf Investorentypen heruntergebrochen werden.

Während man private Direktinvestments in allen Risiko-/ Renditeklassen findet, differenziert sich die Welt der institutionellen Investoren deutlicher aus. Investoren, deren Geschäftsanteile wie Aktien frei gehandelt werden, also public sind, finden wir in der Regel nicht im Segment hoher Risiken. Dies hat damit zu tun, dass eine Risikostrategie einer Vielzahl von Gesellschaftern kaum vermittelbar ist.

Allerdings ist es auch nicht das Kalkül eines Aktionärs, beispielsweise der Deutsche Wohnen oder der Vonovia, hohe Risiken tragen zu wollen. Dies ist vor dem Hintergrund jüngster Bemühungen der Legislative zu erkennen, die darauf abzielt, Mietpreise einzufrieren. Die mit einer gesetzgeberischen Durchsetzung dieses Ansinnens verbundenen Wirkungen auf die zukünftigen Cashflows der Deutsche Wohnen haben dazu geführt, dass die Marktkapitalisierung, also vereinfacht der Börsenkurs x Anzahl der Aktien, innerhalb weniger Tage um einen zweistelligen Prozentsatz fiel.

Auf der anderen Seite des Rendite-/Risikospektrums stehen opportunistische Private-Equity-Fonds beziehungsweise Gesellschaften. „Private" ist hierbei als non-public, also nicht öffentlich zu verstehen. Dementsprechend ist praktisch jede GmbH ein Private-Equity, da die Anteile nicht frei handelbar sind und jede Veränderung gesellschaftsvertraglich nachzuvollziehen ist.

Private-Equity hat es mit einer vergleichsweise überschaubaren Anzahl von Gesellschaftern zu tun, mit denen Investment-Opportunitäten in Detail diskutiert werden können. Daher sind auch erhebliche Risiken verständlich zu machen. Ein typisches Beispiel ist das Investment in die Karstadt-Warenhausgruppe durch einen Investmentfonds unter der Führung des österreichischen Investment-Managers Signa und weitergehend die Übernahme der Kaufhof-Gruppe und deren Fusion mit Karstadt. Da das Produkt Warenhaus schon seit einigen Jahren unter anderem durch Online-Handel unter Druck steht, sind Karstadt und Kaufhof als nahezu illiquide Investments zu bezeichnen. Im Falle Karstadt/Kaufhof gab es schlichtweg keine weiteren Marktteilnehmer, die dieses Investmentrisiko tragen wollten.

Der Grund, warum Signa die Investoren zu einem Einstieg in dieses Investment motivieren konnte, liegt wohl in Marktinformationen und -erfahrungen zu diesem Geschäftsmodell begründet. Signa geht offenbar davon aus, die Risiken angemessen bewerten und ausgleichen zu können.

Wie bereits oben ausgeführt,[52] spielt bei der Bezifferung des Diskontierungszinses auch die individuelle Kompetenz des Investors, seine Geschäftsmodelle umzusetzen und die damit im Zusammenhang stehende Fähigkeit, Cashflows real werden zu lassen, eine maßgebliche Rolle. Eines ist in diesem Zusammenhang ziemlich sicher: Ein langfristiges Investmentinteresse steht hierbei selten im Vordergrund. Spätestens bei einer erfolgreichen marktlichen Neupositionierung des Investments oder Teilen davon wird sich ein opportunistischer Investor von seinen Geschäftsanteilen trennen wollen – schließlich wartet eine nächste Investment-Opportunität.

---

[52] Vgl. Pkt. 7.2.4.3

9.2   Renditehebel

Umgesetzt auf das hier zugrunde liegende Portfolioinvestment mag das Kalkül eines Investors wie folgt zu skizzieren sein. Ausgehend von dem Zahlenbeispiel in Pkt. 4.2 liegt das Kaufpreisangebot eines Investors bei einer 10 %-igen Renditeerwartung und einem Cashflow-Überschuss, beziehungsweise NOI von EUR 1 Mio. p.a. bei EUR 10 Mio. Sofern er das Investment mit Eigenkapital finanziert haben sollte,[53] wird er ceteris paribus in einem ersten Schritt die Substitution des Eigen- durch Fremdkapital vornehmen. Hier greift dann der sogenannte „Leverage-Effekt".[54]

Rendite/Zins	Cashflow Mio. EUR	Investment Mio. EUR	Kapital
10%	1,0	10,0	EK
2%	0,1	5,0	FK (LTV 50%)
18%	0,9	5,0	EK
3%	0,225	7,5	FK (LTV 75%)
31%	0,775	2,5	EK

Abb. 16: Renditehebel bei einer Substitution von Eigen- durch Fremdkapital (Quelle: Eigenermittlung)

Wie in Abbildung 16 erkennbar, wird hier eine variante Fremdkapitalfinanzierung zu einem LTV von 50 % (75 %) bei 2 % (3 %) Zinsen unterstellt. Nachvollziehbar ist hierbei, dass die Zinsen mit dem LTV steigen, und zwar hier von 2 % auf 3 %. Für den

---

[53] Man spricht dann von einer Equity-Bridge, mit der der Kaufpreis für das Investment beglichen wurde

[54] Vgl. weiterführend Bösch (2019): Finanzwirtschaft, S. 403 ff.

Investor verringert sich durch Einsatz von „preiswertem" Fremd-kapital sein Eigenkapitalanteil, welches noch in dem Investment gebunden ist, bei gegenläufiger, also steigender Eigenkapitalver-zinsung. Gegenüber der Ausgangsrendite von 10 % erhöht sich diese bei 50 % (75 %) Fremdkapitaleinsatz auf 18 % (31 %).

Zur Ergänzung sei angemerkt, dass der deutliche Unter-schied zwischen Fremd- und Eigenkapitalverzinsung mit dem Sicherungsrang zu erklären ist. Sofern sich – wodurch auch immer – der Wert des Portfolios im Zeitablauf halbieren sollte, ist bei ei-nem 50 %-igen LTV von diesem Wertverlust ausschließlich das Ei-genkapital betroffen, weshalb die Verzinsungsansprüche hierfür deutlich höher sein müssen.

In einem weiteren Schritt wird der Investor versuchen, weiteres Eigenkapital freizusetzen. Hierzu bietet sich der verblie-bene Cashflow-Überschuss an, der im vorliegenden Beispiel mit EUR 0,775 Mio. angenommen wurde. Bei - im Fall 75 % LTV - ver-bliebenen EUR 2,5 Mio. Eigenkapital wird es somit ceteris paribus rund drei Jahre dauern, um dieses Eigenkapital durch Ergebnis-ausschüttungen vollständig zurückzuzahlen. Zurückkommend auf das obige Portfolioinvestment wäre der Investor auch nach vollständiger Zurückzahlung seines Eigenkapitals durch Substitu-tion mit Fremdkapital und Ergebnisausschüttungen nach wie vor Eigentümer von hier 10.000 Wohneinheiten.

Damit ist der Zeitpunkt des Ausstiegs vorbestimmt. Als Exit bietet sich ein „Initial Public Offering (IPO)" an, was einen Börsengang bedeutet oder die Veräußerung an einen strategischen Investor mit langfristigem Halteinteresse. Als Investmentstory für dieses Portfolio könnte wiederum das Geschäftsmodell eines stetigen Cashflows aus einem „Produkt Wohnen" dienen, das praktisch jeder benötigt und zudem vergleichsweise technologie- und demografieunabhängig ist.

Da die Objekte nachhaltig vermietbar sein sollen, werden Instandsetzungs- und Modernisierungsmaßnahmen wieder deutlich über das Niveau von Verkehrssicherungspflichten erhöht. Bei einem damit unterstellten Cashflow-Überschuss, also NOI von EUR 0,65 Mio. (Verringerung von urspr. EUR 0,775 Mio.) sowie einem heute marktüblichen Multiplikator von rund 20 x NOI, was reziprok einer Rendite von 5 % entspricht, würde der (Brutto-) Portfolio-/Unternehmenswert auf rund EUR 12 Mio. hinauslaufen.

Damit liegt dieser Wert bereits über dem ursprünglichen Kaufpreis. Unter Einbeziehung des bestehenden Fremdkapitals in Höhe von EUR 7,5 Mio. errechnet sich ein (Netto-)Portfolio-/Unternehmenswert, dem „Net Asset Value (NAV)" von EUR 4,5 Mio., der bei einem IPO dem Investor zufließt. Zusammenfassend stehen EUR 10 Mio. Anfangsinvestment EUR 10 Mio. Rückflüsse aus Fremdkapitaleinsatz und Ausschüttungen plus dem Verkaufsüberschuss i.H.v. EUR 4,5 Mio. = EUR 14,5 Mio. gegenüber. Der Equity-Multiplier für dieses Investment beträgt damit knapp 1.45. Über die Haltedauer des Kapitals führt dies zu einer IRR von rund 15 %, was sehr ordentlich ist.

Nach dieser Unternehmens- beziehungsweise Geschäftsmodelltransformation schließt sich der Kreis von dem eher kurzfristig agierenden Private-Equity mit hoher Risikobereitschaft und dementsprechend hohen Renditeerwartungen zu Public-Equity, welches auf nachhaltige Ausschüttungen bei vermeintlich wenig erklärungsbedürftigen Geschäftsmodellen und überschaubaren Risiken ausgelegt ist.

9.3   Kapitalmarktbewertung

Ausführlich ausgeführt wurde oben eine Wertermittlung durch einen Immobilieninvestor. Ist dieser Investor eine Kapitalgesellschaft, so sind deren Geschäftsanteile unter Umständen börsennotiert. Die Aktionäre investieren und desinvestieren in Aktien der Gesellschaft zu einem bestimmten Preis. So wurde es oben in der Hinführung zum Thema am Beispiel von Tesla und BMW skizziert.

Gem. § 172 AktG stellen jedoch der Vorstand und der Aufsichtsrat den Jahresabschluss fest. Als Voraussetzung für die Feststellung eines Jahresabschlusses gelten die Beschlüsse beider Organe, den Jahresabschluss als verbindlich anzuerkennen. Der (Netto-)Portfolio-/Unternehmenswert oder NAV des Unternehmens errechnet sich also aus der durch diese Organe bewerteten Aktiva abzüglich der Verbindlichkeiten. Das Ergebnis kann auch als das rechnerische Eigenkapital bezeichnet werden.

Dem steht die Kapitalmarktbewertung des Eigenkapitals durch die Aktionäre gegenüber. Aktionäre machen sich grundsätzlich ein eigenes Bild von dem Unternehmen, oft unterstützt von Investmentbank-Analysten, die dies als Dienstleistung anbieten.

Im Idealfall stimmt die Bewertung durch Vorstand und Aufsichtsrat mit der des Kapitalmarktes überein. In der Kapitalmarktpraxis trifft dies jedoch nur selten zu. Regelmäßig werden börsennotierte Unternehmen mit einem Premium oder Discount gehandelt. Der Kapitalmarkt sieht den Wert des Unternehmens also positiver oder negativer gegenüber dem NAV. Wer hat nun Recht – irren sich hier die Organe oder die Kapitalmärkte?

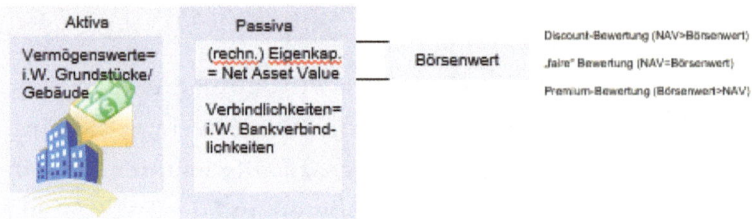

Abb. 17: Bewertung durch das Unternehmen versus den Kapitalmarkt (Quelle: Eigenermittlung)

Eine Antwort hierauf ist nicht einfach und hängt auch von Informationsasymmetrien und Irrationalitäten ab. Vorstände und Aufsichtsräte kennen naturgemäß insbesondere unsystematische, auf das Portfolio- oder das Unternehmen bezogene Einflüsse besser als der Kapitalmarkt, der wiederum hinsichtlich systematischer Markteinflüsse allein durch die Vielzahl der Marktteilnehmer/Aktionäre gut informiert sein sollten.

Dies gerät allerdings durch Schwarmeffekte oftmals in Wanken. Dabei investieren beziehungsweise desinvestieren Aktionäre in großer Zahl in ein Anlageobjekt mit der Folge starker Preisschwankungen.

Aus einem handwerklich gut gemachten DCF-Modell lässt sich das jeweilige Geschäftsmodell eines Immobilieninvestments ablesen. Grundsätzlich gilt, dass je transparenter und berechenbarer die Bewertungs-Einflussfaktoren, desto geringer sollten Wertschwankungen sein.

Literaturverzeichnis

Ballwieser, W./Hachmeister, D. (2016): Unternehmensbewertung

Berens, W. (1992): Beurteilung von Heuristiken; Neuorientierung und Vertiefung am Beispiel Logistischer Probleme

Bösch, M. (2019): Finanzwirtschaft

Eichener, V./Kamis, A. (2018): Strategisches Management für die Wohnungs- und Immobilienwirtschaft

Ernst, S./Schneider, A./Thielen, B. (2018): Unternehmesbewertung erstellen und verstehen Diederichs, CJ. (2006): Immobilienmanagement im Lebenszyklus

Drukarcyk, J./Schüler, A. (2016): Unternehmensbewertung

Schreiber, U. (2017): Die Besteuerung der Unternehmen

Sommer, G/Kröll, R. (2017): Lehrbuch zur Immobilienbewertung

Autor

Andreas Lehner ist seit vielen Jahren mit der Immobilienwirtschaft vertraut.

Er begann nach einem ingenieur- und betriebswirtschaftlichen Studium in München seine Laufbahn als Berater bei Deloitte um mit Führungserfahrungen dort ein eigenes Beratungs- und Softwareunternehmen Innosys AG zu gründen. Dieses veräußerte Andreas Lehner einige Jahre später, nachdem er von einem Mandanten, der Deutsche Bank AG gefragt wurde, als CEO die damalige Tochtergesellschaft Deutsche Wohnen AG bilanziell aus der Deutsche Bank zu entflechten und zeitgleich das Eigenkapital neu zu strukturieren. Dabei wurden erste Portfolio-/Unternehmenskäufe realisiert. Später war Andreas Lehner Mitgründer und investierter Partner der Private Equity Gesellschaft ActivumSG.

Daneben nahm er Beirats- und Verwaltungsratspositionen wahr. Beispielhaft zu nennen sind die Berliner Immobilien-Holding, in der die finanzwirtschaftlich angeschlagenen Fonds der Berliner Bank Gruppe zusammengefasst wurden sowie die Conwert SE, die während seiner Zeit auf die Vonovia SE verschmolzen wurde.

Weiterhin lehrte er als Gastprofessor an der staatlichen Hochschule Biberach und ist bis heute Dozent an der EBZ Business School in Bochum.

Zeitfracht Medien GmbH
Ferdinand-Jühlke-Straße 7
99095 Erfurt, Deutschland
produktsicherheit@kolibri360.de